ヤマケイ文庫

植村直己冒険の軌跡

Nakademizu Isao　中出水 勲

Yamakei Library

植村直己冒険の軌跡　目次

監修＝節田重節

序にかえて――「植村直己への手紙」より

西堀榮三郎

小生も出発まぎわでとても忙しく、ほとんど君の面倒を見てあげることが出来なくて申し訳ない。

今、カトマンズのサンサンとかがやく太陽の下で、静かに考える時間ができたことをよろこんでいる。それにつけても君が太陽のない寒いところで頑張っているのを思うと、今からでも間に合うようならと、老婆心ながら手紙を書きたくなった。

わたしはハウチンズ博士に会って、もっとはやく同博士にわたしが接していたら、どんなによかったかと思った。それはDCP（NASA開発の特製発信装置）のことである。何と彼が親切で、適切な指導の出来る人だということ。わたしも君の成功は全く「君が人に好かれる男」であったことのたまものであると感じた。ハウチンズ博士は「自分が直己に会うまでは、どんな高慢ちきな男だろうと想像していたのに、直己は素直で実に愛すべき男であることがわかって、この男のためになら何でもしてやりたいと思った」といってすらいた。わたしも全く同じ気持で、はじめて君に接した。それにつけてもわたしがもっと積極的に君を指導すべきであったと今は後悔している。それはどんなに老婆心と言われ、オセッカイ、過保護、デシャバリと言われようとも。今わたしの一生を思いうかべると、この「立派に、自信をもってやれる人に対するわたしのデシャバリになることを恐れての遠慮がいつもくやまれる」のである。

ハウチンズ博士の説明を聞いたときに、彼はＤＣＰの精度が決してプラスマイナス１メートルであるとは言わなかった。多分プラスマイナス１キロメートルの誤りではないかと思う。１キロメートルであれば、今の天測の結果と大差はない。むしろ天測の方が精度は高いことになる。それならドップラー効果による測定で可能であるように思われる。しかしこの点について関係者に何等かの方法で充分確めておくことが大切である。

機械というものは、精巧であればあるほどその使い方に慣れていることが必要になってくる。

したがって、暇さえあれば練習することが大切だ。それには人間がマメでなければならない。しかもそれは努力によってやれることだ。面倒臭がる人間ではダメだ。しかし、直己にはそれが出来る。それを見ぬいたのがハウチンズ博士だ。そして根気よく勉強する必要がある。君が日本式ではなく、英式のアルマニャック（こよみ）を慣用したことがハウチンズ博士に喜ばれるようになったと思う。迷ってはいけない。

さて、わたしのソリに対する意見をのべさせてもらう。君はエスキモー式のソリを使おうとしていることを知って、わたしは正直に言って反対である。しかし今となってはエスキモー式でやる外はない。

北極洋の氷を旅することは、プレッシャーリッジをいかに度々乗り越すかという努力と根気の問題である。それにはそれをいかに能率よく乗り越すかである。もちろん、乗り越し易いところを根気よくさがすことだが、重い丈夫なソリは、乗り越すには多大のエネルギーを要する。荷物はすべて独りで運び越せる重量になっておらねばならないことはもちろんだが、荷物全部をおろして、ソリ自身空身になっていても、楽に乗り越せねばならない。そのとき犬の力だけで乗り越すためには、ジャマになる氷の岩を切って道をつくってやらねばならない。それは大変なエネルギーを要することだ。それには日本式の氷用ノコギリが大変有効である。このノコギリは外国にはない。日本の発明品だ。プレッシャーリッジの岩のような氷を切ってソリを越させるには、出来るだけソリを軽くしておくべきである。「いざ！」となったときに、ひとりでかつぎ越せる程に軽いものが出来たらどんなに成功率を高め、安全に帰れるかわからない。もちろん、軽いということは、こわれやすいということになる。しかも軽くて丈夫であるということは「工夫」でやれることだ。そこに、知能ある日本人の本領を発揮すべきだ。直己にはそれが出来ると私は信ずる。エスキモー式のソリを、丈夫さをひどくそこなわないで軽く氷を越えやすいように改造することが、成功のわかれ目である。それには妥協点として、こわれても修理しやすいようにしておくことである。もちろんそれに必要な材料と道具が必要だが。そうすれば他の荷物のようにソリを運べるはずだ。

氷を乗り越えるということが次から次とやってくる。一度乗り越せたら、次もその次も乗り越せないはずはない。根気だ。「乗り越せませんでしたから帰ってきました」とは直己らしくないね。

さて次はクラックだ。幅が何メートルもあるところは舟がなければ渡れない。しかしソリ全体を浮かせることは可能だと思う。なにも幅の狭いところをさがす努力をいとうわけではないが、いつ氷がわれてもソリ自体、比重が1以下であれば沈まない。荷物も全部で比重が1以下になるようになっておれば沈まない。それには箱入りの荷物に水が入らないようにしておけば比重を1以下にしておくことは、それほどむつかしいことではない。箱の中には充分な空間があるから、その空間に水が入らぬようにすればよいのである。それにはパッキングを考えて水密にするとか、そとにゴッテリと油脂をぬりつけるとか、箱の中に気密にしたビニール袋を空間につめておくとか、いくらでも工夫をすれば、荷物ごと、ソリごと沈まないようにすることは必ずできるはずだ。

もちろん、根気よく幅の狭い渡りやすいところをさがしてあるくことは必要だが、狭いと思っても岸辺のうすい氷をふみやぶって、海に落ちこんだことも私は経験した。体は水につかっても、着ているものがヨロイか宇宙服のようになったが平気であった。ひどい寒さではない。氷は熱の不導体であり、いつのまにか、氷が昇華してなくなってしまう。ぬれたものはタンネンにふきとって、機械類を保護することはもちろんである。それには使ったあと、必ずビニール袋、ポリ袋につつんでしまう習慣をつけておくことだ。ポリ袋はいつもセロテープで穴をふさぐ努力をおこたらぬように。

わたしは寝る時に、ポリビンをうまく使うことにしている。1〜2リットルのポリビンに湯を入れて湯タンポにする。そしてスリーピングバッグの中に、靴も何かも朝起きて必要なものは皆入れて寝る。朝起きて湯をわかすにもその水を使う。これは出発の時間をはやめ、時間とエネルギーの節約になる。

「俺はどんな苦境にも生きられる」ということは絶対に必要な信念であるけれども、長期間を考えると、いかに自分のエネルギーを保存しておくかということも忘れてはならない。

もし、犬が死んでも、すてて行かないようにしよう。自然の恵みは最後まで喜ぼうではないか。生きて帰ることの大切さは何ものにもかえがたい。

ソリも荷物もすべてを失ってしまって、ただひとり氷の上にとり残されたときに、どうして帰るかの方法を常に考えておく必要がある。そんなことはいつ何時来るかわからない。従って、それに必要な最少限度のものは常に体からはなしてはならない。①時計　②十徳ナイフ　③丈夫なヒモ（10メートルくらい。バンドのかわりに常に腰にまいておく。犬をくくるにも、氷を引きよせるにも、氷を下降するにも、クレバスに落ちた時。また、長くひきずって歩いていると飛行機から見えやすい）④サーバイバルキット（羽田でおわたししたお守りのようなつつみ）これは、やはり使い方の練習をしておく必要がある。⑤磁石　⑥地図（目的地を記入したもの。これはサーバイバルキットに入れてあるが、必要なところは記入しておく。グリーンランドの内陸の分はない）⑦鏡（これは日本航空で君がもらったもの。太陽を反射して自分の位置を飛行機に知らせるときに使う。要練習）⑧ビタミンCの沢山入ったアメか薬　⑨メモ用手帳　⑩エンピツ　以上10点は少くとも必ずハダミはなさずもっていること。

これだけあれば、直己は必ず帰ってくる。

しかし、ハウチンズ博士も君の海軍的要素については、いささかの不安はもっているように見えたので、あえてこのようなながとした手紙を書いたのである。

グリーンランドの氷河の問題はもはや陸軍であるから、直己は充分、自分でマネージできると思う。しかし、恐ろしいのは何といってもヒドンクレバスだ。クレバスは犬ゾリの場合は、犬が先に走っているから、犬を失なうことがあっても直己はたすかると思う。クレバスは地形が凸になっているところに多く、凹になっているところには少ない。従って、プラトウ上ではなるべく凹になっているところを通るように心がけるが、それでも下の地形がどうなっているかわからないので、安心はならない。南極に行った人（名を忘れた）は二人の友と犬とを全部クレバスに失い、ただ一人になったが、軽いソリを自分ひとりで引っぱり帰って来た。そのとき、ソリの引きづなをソリの中央につけて引っぱっていたので、クレバスに落ちてしまわずに無事帰れたのだった。ザイルの重要性を感ずる。

さて、公子さん。あなたもこの手紙を読んで、もし直己がもってない品（たとえば氷用ノコギリ）があったら大至急手配して、旅行中にでも飛行機で投下してやってほしい。もちろんこの手紙も何等かの方法で彼にとどくように。

（北極点グリーンランド単独行に際して送られた手紙より）

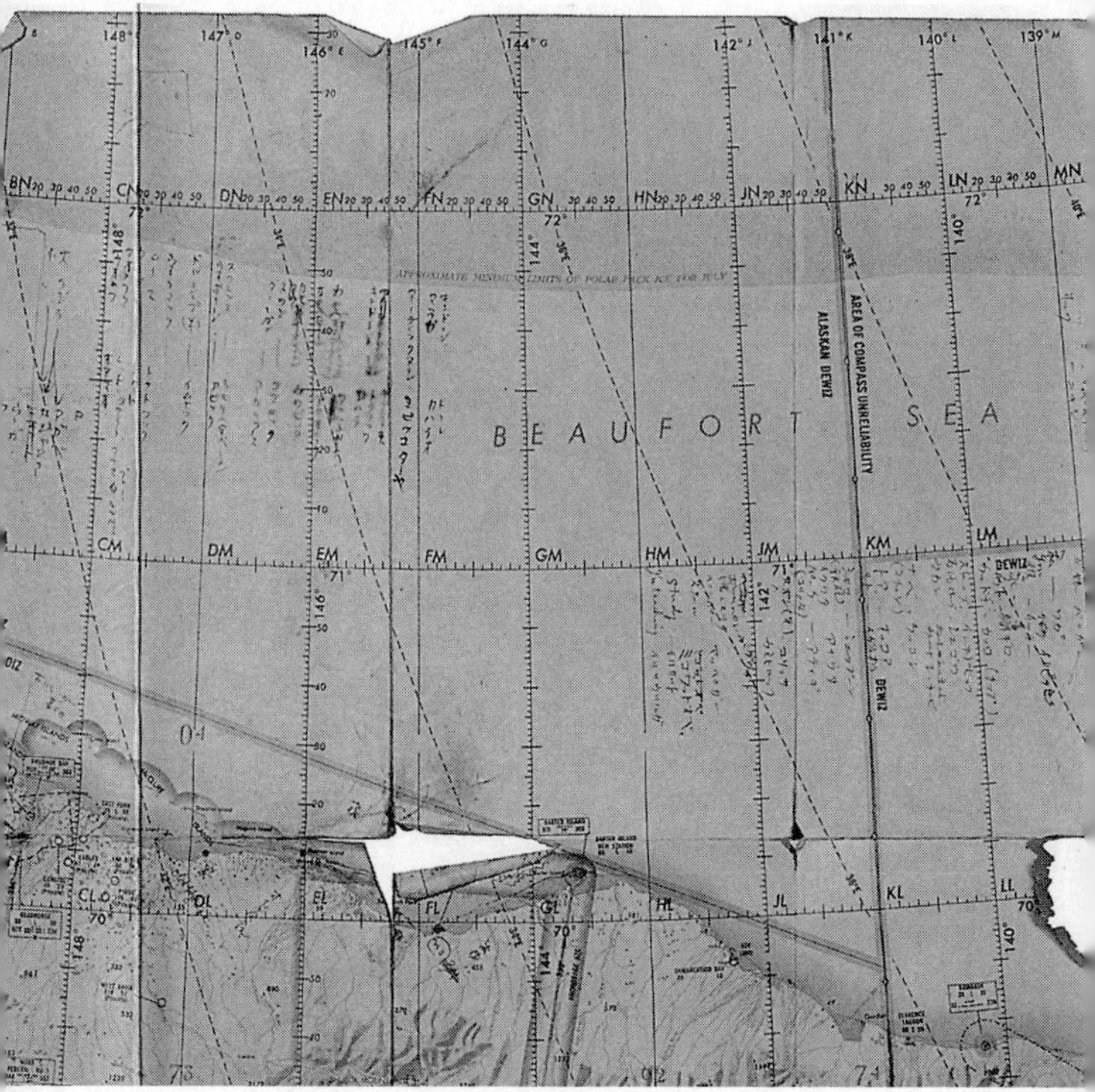

北極圏1万2000キロの旅で使用した地図

1

「冒険野郎」はいま……

他人の力を借りた冒険

いま彼は、最高に幸せなひとときにひたっているだろう。北極点到達成功後、返す刀でグリーンランド縦断という、極地探検史上、未曾有の大冒険に挑んでいる彼。北極では、マイナス五〇度を超える極寒、体中がキリでもまれるようなブリザード（地吹雪）などを、超人的ながんばりで耐え、いまグリーンランドでは、平均二〇〇〇メートルを超える内陸氷床上をクレバスや飢えと闘っている。いま僕は、あの丸っこい顔をうっとりとさせて、大自然のまっただ中を突っ走る彼の姿を想像するのだ……。

出発前、彼は一種の狂乱状態に近かった。こんな彼を目にするのは初めてだった。原因は一億円というばく大な資金集めだった。一四年前、リュック一つ、ふところにわずか一一〇ドルと三五〇〇円の日本円を持っただけで始まった彼の冒険。いつの冒険も、資金不足からギリギリに追いつめられながら、それでも誰の力にも頼らず、植村流ともいえる体当たり戦法で押し通してきた。ところが、冒険のスケールが大きくなるにつれ、他人の力を借りなくてはならぬ立場に追い込まれた。

今度の北極点でも、物資投下用のチャーター機だけで一便三〇〇万円。それを、この遠征中に一〇回ほど飛ばす予定だから、これだけでざっと三〇〇〇万円にもなる。当然、チャーターする回数を多くすればするほど、安全性が高まる。つまり自分の生命を守るには、いままでのように自分の技量だけでは及ばないのだ。

そこに、彼の苦しみがあった。新聞社、出版社そしてテレビ局と、マスコミ三社がスポンサーとなってスタートしたこの冒険も、最後は資金不足のため大手の広告代理店が乗り出して、出発前から大々的なPR作戦を展開。一般に対する一口募金から記念シール、犬ゾリの愛称募集、展示会、サイン会、そしてテレビをはじめとするマスコミ出演……。都内一流ホテルで行なった後援会の発会式には、政財界の著名人や山仲間がごっそり集まった。立錐の余地もない会場で、参集者たちはツマ先を立て、のび上がるようにして壇上の彼を見つめた。

脚立の上に立たされた彼は、直立不動の姿勢で何度もおじぎをくり返す。一人、参加費二万円。もちろん、後援会発会式は即、資金集めが主目的。この夜一晩で一千万円近い資金がカンパされた。

「自分の道楽のために、こんなに大勢集まっていただき、その上、皆さんからお金をいただく。自分は〝盗っ人〟と同じです。心苦しいです。ほんとうに申しわけありません」

と、額から汗を吹き出させピョコン、ピョコンと何度も頭を下げる植村。

冒険家植村直己の存在が、ようやく世間に認められるようになったのは、八年前の日本山岳会隊の一員としてエベレストの頂上に日本人として初めて立ったあたりから。その後に世界の一流アルピニストに混じって参加したエベレスト南壁国際隊での活躍、グリーンランド北西岸三〇〇〇キロの犬ゾリ旅、そしてこの世界で、世界的な冒険家としての地位を築き上げたのは、北極圏一万二〇〇〇キロの犬ゾリ旅行だった。

帰国後、各地の山岳団体関係をはじめ、学校、一般企業、各種の青少年団体、果ては機動隊から宗教団体、養老院などあらゆる方面から申込まれる講演会、新聞、雑誌の対談、テレビ出演、レコード化、そして映画化の話まで持ち上がる騒ぎ。そこらの神風タレントも及ばぬほどの過密スケジュール。

だが「犬ゾリを操縦するより苦しいこと」と言いながら壇上に上がる講演会にしても、彼は「恥ずかしくて壇の上に立つと足がガクガク震え、ノドがカラカラに乾く。でも、これも自分のやって来たことを世間に認めてもらうためなんだ、と思って。認めてもらいたいというのは、何も自分が華やかなスポットライトを浴びたいからではなく、それだけ次の計画に対する資金が集まりやすくなるからなんだ。どんなとてつもない計画をこの先立てたとしても〝あの植村がやるんだから〟という実績を世間につくっていくことになるんだ。だから、おれは恥をしのんで講演やテレビ、レコード、あるいは映画の話もいっさい引き受けることにしているんだ」と言い「人間、どこの社会でも同じだが、一〇年間しゃかりきになってがんばれば、必ず周囲が認めてくれるもんだ。おれは、最初からのねらいどおり、冒険家植村という信用を一〇年かけて、やっと築き上げたんだ」と言ったことがある。

一流ホテルの大広間からあふれ出すほどの人出、三木武夫前総理をはじめ政財界の著名人。後援会発会パーティーは、いまの冒険家植村直己の存在を象徴するような華やかなシーンであった。しかし、壇上に立つ彼の心の隅には、絶えず隙間風のような寂しさが通り抜けていた。

「おれは一体、これでいいのか?」

「こんなことをしていて、北極から生きて帰ってこれるのか?」

民間企業からの援助だけならまだしも、見ず知らずの人たちからの資金集めは、なんといっても心苦しかったし、いつの間にか目に見えぬ大きな負担となっていた。冒険家植村直己の存在を世間に認めてもらうためのこの十余年間。だが、そのクライマックスは、彼が考えていたこととはギャップがあり過ぎた。

「おれはもっと、自分自身の冒険をやらなければならなかったのでは……」

「他人の力を借りねばならぬ冒険は、もうおれの冒険ではなくなってくる……」

「他人が入り込んでしまった冒険ほど危険なものはないんじゃないか……」

出発も真近に迫った今年一月のある晩のこと。彼は、憔悴し切った顔で東京・板橋にある2Kのアパートを飛び出した。目が血走って、肌はカサカサに乾いていた。手には大きなボストンバッグ一個。中には、北極点横断に関する資料や計画書類がギッシリつまり、着替えの下着類、洗面用具も入れてあった。

そして「苦しいよ。苦しいよ。頭が痛いよ」を連発しながら、ため息を繰り返す植村。部屋の中にも、山積みになった関係書類や用具類。ひっきりなしにかかって来る電話。戦場のようなピーンと張りつめた空気が漂う。

カナダ、デンマーク政府からうまく許可書が届くかなあ？　物資投下用のチャーター便は？　犬ゾリの手配、食料の確保、飛行機のガソリンの確保、一番肝心のお金の問題……、一つ一つ考えていくと頭が狂いそうになる。どんな細かいこと一つでも、いい加減なままに北極へ飛び出したなら、待っているのは確実に〝死〟だけである。

おれ、子供が欲しいよ

目に見えない重圧と必死に戦い続けるうちに、自然とため息がもれて来る。あらゆる危険と困難を乗り越えて、生き抜いてきた男にとっても、北極点到達という大冒険は、それでなくとも気が狂いそうなほどのプレッシャーを与えた。そして、ため息の下から、しぼり出すように「おれ、子供が欲しいよ」と言った。「正直言って、今度の旅は生きて帰れるかどうか五分五分。万一、不幸な事態になっても、おれの血を受け継いでくれる子孫を残しておきたいんだ。ちょっとキザな言い方かもしれないが、今度ばかりはそんな心境なんだ」

結婚して三年五カ月目になる公子さん（三九）との間には、まだ子宝に恵まれていない。一度、お腹の中に宿したことがあったが、三カ月も待たずに不幸にも流産してしまった。夫婦のショックは大きかったが、冒険家植村直己のため〝内助の功〟として自分の生活の大半をさく公子さんは、大事な時期に多忙過ぎたことも大きな原因だったようだ。だから彼のショックは一層大きかった。

そして、彼が自分の姿をさらけ出すことが出来るのは公子さんの前だけだった。一歩外へ出ると頭を下げっ放しの毎日。その積もった鬱憤のようなものが、公子さんの前で一気に爆発するのだ。ちょっとしたことで、公子さんをポカリとやったことも度々。年賀状を書く時間もなくなって、元旦の夜に「いますぐ、年賀状を三〇〇枚買って来い」と、公子さんにとても不可能な無理難題を吹っかけたこともあった。

大手広告代理店が乗り出し設置された「植村直己後援会事務局」の仕事は、資金集めのためのPR運動が主だった。彼が好むと好まざるにかかわらず、準備は事務局ペースで進められ、当然彼との間にギャップが生じるのも仕方のないことだったかも知れぬ。しかし、まるでロボットのようになっていく自身を見て、いらだちを感じた。

「一体、おれ自身の冒険はどこへ行っちまったんだ。他人からお金を集めるほど、こんなにおおげさなものになりやがって……」

むろん、公子さんも同じ気持ちだった。テレビや新聞、雑誌に夫の顔や活字が出るたびに「なんだか悲しくなってきちゃって。あの人がかわいそうで……」

彼らは、しかし、この極地探検史上、未曾有の大冒険に二人の全エネルギーを投入して、あわただしく出発を迎えた。出発の前の晩は、珍しく二人で飲んだ。飲めないビールの味も、この夜ばかりはノドから胸を熱くして、おいしいと思った。

北極点到達へ

北極点到達の記録としては、一九〇九年、ペアリー隊（米国）が人類として初めて極点に立ったのをはじめ、一九六八年から六九年にかけて、英国のハーバート隊がアラスカから極点を経てスピッツベルゲン島に至る初の横断に成功している。さらに同じ一九六九年に、イタリアのモンジーノ隊がグリーンランドから極点にたどり着いている。

もし彼が成功すると、史上四番目の記録となる。しかし、内容的に見るとこれらの先駆者たちとは比較にならぬくらいの危険性と困難さを持つ。ペアリー隊の場合は一二〇頭のエスキモー犬、二〇台を超える犬ゾリ、五〇人のエスキモーが協力して、今度の彼の出発点となったアラートから成功している。キャンプを一つ一つ延ばしていく極地法形式で、最後はペアリーと四人の隊員が極点に立った。

ハーバートの場合はもっと大がかりなもので、アメリカ空軍、カナダ空軍、英国海軍が海と空から強力なバックアップを続け、ハーバートを含む四人の隊員が一四〇日間をかけ初の横断を成し遂げている。モンジーノ隊も五人の隊員が極点に立ったあと、帰路は極点から飛行機で救出されているのだ。

しかも、これはちょっと余談になるが、人類最初とされているペアリー隊の場合は、隊員の中に天測を出来る者が一人もいなくて、果たして本当に極点に立ったかどうか、いまだに専門家の間では疑問視する人も多い。植村もまた、ペアリー隊についてては調べたいと思っていた。後にハーバート自身も「ペアリーが公表した日数ではとても短くて、極点まで到達することは出来ないだろう」といっている。ともかく、この三隊はいずれも国家的な注目と援助の中で成功したもの。極点到達というのは、いかに困難で大がかりなものであるかが、うかがい知れるわけだ。

もともと、彼がこの極点到達を思いついたのは、長年抱き続けてきた南極大陸横

北極点単独犬ぞり行現地偵察へ出発（写真提供　毎日新聞社）

断の入陸許可が、どうしても下りる見通しが立たず、南極から北極点に目標を切り替えたことから。しかし、極点にアメリカ基地が建ち、すべてのルートが陸地の上という南極横断と比べ、海氷上の北極の方が危険性、困難さでむしろ上回るだろう。ルート自体も「どうせやるなら未知なルートをつなげたい」と、最初はハーバート隊と同じように極点に立ったあとは、スピッツベルゲン島に上がる予定だったが、途中から変更して帰路はグリーンランドの北端に上陸、そのまま内陸を縦割りに南下、最南端のナルサスワックまで縦断する。もちろん、グリーンランドの縦断はこれまでだれも手がけたことがない。約半年間、距離にして約六〇〇〇キロ。

先の北極圏一万二〇〇〇キロの旅と比べて日数、距離的には半分だが、周囲を取り巻く条件ががらりと変わってくる。

一万二〇〇〇キロの旅では、北極海沿岸のエスキモー部落をつなぐルート。無人地帯で一番長かったのは一五〇〇キロどまり。このため、部落のエスキモーから有形無形の協力を得ることができた。たとえば、人間の世界に戻った精神的な安らぎ、かわいいエスキモー娘との休息、犬の食料の確保と彼らの休養、そしてコースの確認など……。

だが、この極点到達ではアラートを飛び出したいま、グリーンランド南端のゴール地点まで、全くの無人地帯だ。半年として一八三日間の孤独の世界である。独房の囚人だって、一日に何回かは人と話す機会はあるだろう。

沿岸コースならアザラシ、トナカイ、オヒョウなどの動物、魚をとって犬のエサや自分の食料に当てることができたが、北極海に出てからは一面海氷上となって、生きものはほとんどとれなくなってしまう。一台の犬ゾリに積めるのは三〇〇キロが限度。犬のエサ、燃料などを積むと、せいぜい持ち続けて一週間というから、頼りはチャーター機による物資投下だ。

目標物も全くない、だだっ広い北極海氷上で、一体彼が走るルートと飛行機の投下地点がドンピシャリと合うものだろうか。

今度の冒険では、約一億円近い保険をかけたほかに、初めて無線機を持参した。マイナス四〇度でどんな悪天候の中でも、五〇〇キロの距離は確実に届くというカナダ製のものと、国産のアマチュア無線機（これは日本のハムにもキャッチ可能）、そしてNASA（米国航空宇宙局）の協力で人工衛星から自動的に現在地を知るという最新兵器だ。だが、これらの科学兵器はあくまでも機械であって、極地という厳しい条件下にあって、果たして計算どおり作動するかどうか。

やはり極地冒険では欠くことのできない六分儀による天測技術が必要になってくる。しかも、氷といっても北極海氷は潮流の影響を受けて、流れ動いているのだ。グリーンランドに上陸する直前の東部海岸付近は、潮流の流れ口となって時速二〇キロ近いスピード、といわれる。うっかりすると、眠っている間に、とんでもない方向へ流されていたという心配も、この先出てくる。

だが、彼は出発直後、乱氷地帯に約一カ月近くも閉じ込められながら、気の遠くなるようなネバリで突破、二度にわたる白クマの襲撃、さらには、北極点間近になって氷上にとり残され、危機一髪のところで脱出するなど〝限界への挑戦〟を繰返しながら、五月一日午後一時四十五分（日本時間）北極点に立った。北緯八三度六分、西経七一度八分のエルズミア島エドワード岬から一二五頭の犬ゾリを駆って北極海氷上を、直線距離なら七六一・八キロだが、迂回を続け、実際の走行距離は約一〇〇〇キロ、五七日間の苦闘の独り旅だった。

モーリス・ジェサップ岬から出発したグリーンランド初縦断も、五月いっぱいには、今回の北極点到達、グリーンランド縦断約六〇〇〇キロの旅の中で最難関と見られていた長さ三〇キロ、標高差二〇〇〇メートルのアカデミー氷河を登りきって、順調な旅を続けている。

出発前の、あの隙間風にも似たむなしい思いも、すっかりどこかに消えていた。もう頭を下げなければならない相手もいなかった。生きた相手といえば、ものいわぬエスキモー犬だけだった。誰にも遠慮はいらぬ。クレバスを相手に、乱氷を相手に、そして大自然を相手に、ひたすら生き抜くことだけを考えればよかった。

こんな幸せなことはない。

他人の力を借りてしまった精神的負担も、彼の判断を狂わす心配はないだろう。彼はいま、それほどすっぽりと大自然に、いや自分の世界にとけ込んでいるのだ……。

2 「アダ培」と「但馬牛」

校庭のコイを全部胃袋に

どうにも、いたずら好きな少年だったらしい。悪質というのでなく、いかにも子供じみた悪ふざけ。といっても、腕白坊主、餓鬼大将という感じではなく、とにかくいつも何かコソコソやっていた。

高校を卒業する三カ月ほど前のこと。校庭の隅に、広さ二〇平方メートル、深さ一メートルぐらいの小さな池があり、コイが六尾いた。ある日、友達ふたりと卒業するまでにこの六尾を全部食べてしまおう、と約束した。

放課後、人がいなくなるのを見計らって、最初はコウモリ傘の先っちょで突き上げようとした。なかなか突けないので、今度は真冬だというのに、ジャブジャブ腰まで水につかって手ですくい上げる。二カ月ほどの間に四尾生け捕りにし、それを教室の木炭ストーブの上にのっけて焼いて食べた。なにせ、五〇センチを超える大きな奴だから、火の通りも悪く、そのうち面倒臭くなって半焼きのままムシャムシャかぶりついた。北極では生肉を常食にした彼だが、生肉の食い始めはこの高校時代である。

残る二尾も、執念深く追い続ける。そして卒業式の四日前に、すくい上げているところを先生に見つかってしまった。それでも、植木の根元にすばやく隠したあと、一目散に逃げのびた。先生もしばらく追っかけてきたが、とうとうあきらめてしまったあと、ふたりはまたもどってきて今度は家へ持って帰って、ついに所期の目的どおり六尾全部胃袋の中へ収めてしまったのだ。まあ、多少は学校側に損害を与えたことになるが、彼のいたずらといえばこの程度で、いかにも子供じみたものだったから、その後校長室に呼ばれてお目玉を食ったが、先生の方も本気で怒れなかったようだ。もっとも、彼自身もそのへんのところは十分心得ていたのかもしれないが、こんないたずらのエピソードは数え上げたら切りがない。

ヘビを手づかみにして教室に持ち込んで放してみたり、カエルを人の弁当箱やポケットに放り込んでみたり……。おとなしい先生と見ると、授業中に座布団の投げ合いだ。そのうち、手当たり次第に二階の教室の窓から放り投げる。一階の教室では、上からいろんな物が落ちてくるから、授業を中止して大騒ぎになったこともある。壊れかかった木の橋の欄干の上を得意気に歩いて見せたあと、橋底を足でたたきながら穴を作って通れないようにしていく。

自転車に乗るときも、まともには乗らずに曲芸師のような乗り方。いまの彼からは想像できない話であるが、こんな他愛ないというか、かわいらしいいたずらの中に、今日の彼の隠れた部分を感じるような気がするのである。

お寺に残る小さな石碑

一九四一（昭和十六）年二月十二日、兵庫県の日本海側に面した、城崎《きのさき》郡国府村（日高町を経て現・豊岡市）上郷《かみのごう》部落に生まれる。父藤治郎氏（七十八）母梅さん（七十八）の七人姉弟の末っ子。上から初恵さん（五十一）好子さん（四十九）のふたりの姉は隣村に嫁いでいる。現在は長兄の修氏（四十六）が家を継いで、その下のふたりの兄、淳一氏（四十四）武夫氏（四十二）は、それぞれ独立して家を出ている。すぐ上の兄・覚《さとる》さんは幼くして亡くなっており、彼と武夫氏とは五歳の開きがある。「もう、いらないのにできてしもうてなぁ」（藤治郎さん）ということだ。

彼の生い立ちを追う前に、まず植村家の家系を見なければならない。代々伝わってきた植村家の血筋、そして両親の血筋を受け継いでいる七人の姉弟の中でも、彼が一番だと思える事柄があるからだ。

周囲を山々に囲まれた但馬《たじま》盆地と呼ばれるこの地方。代々、農業が生活の糧だった。植村家も、何代も続く農家である。といっても、藤治郎氏の代になるまでは、田畑も少なく、自分たちが食べていくだけで精一杯の貧農だった。

こんな植村家を見事に盛り立て、部落でも指折りの地主に仕立て上げたのは、父藤治郎氏である。

「ワシのようなもんは〝アダ培《ばい》〟だでのう」というのが口ぐせの藤治郎氏。種をまいた所から風などに飛ばされ、とんでもない所に余分に芽を出す作物のことを、この地方では〝アダ培〟と皮肉って言う。「あてにされていない」「余分者」という意味らしい。貧しい農家では、将来家長となる長男以外はすべてこの〝アダ培〟の部類に入るのだ。藤治郎氏は、養子である。隣村の出石《いずし》郡小坂村（現・豊岡市）生まれの藤治郎氏は、六人兄弟の三番目で、やはり〝アダ培〟の不幸を生まれながらに背負っていた。田畑を分けてもらって独立するか、農業から足を洗うか、あと残された道は婿入りである。だが、婿入りといってもサラリーマン世界のようになま易しいものではない。仮に、婿入り先に妹がいれば、家長となった自分が責任を持って嫁に出してやらなければならないし、田畑を少しでも増やすことがそのまま養子に対する世間の評価につながるのだ。

母梅さんには、四人の妹がいた。そのうえ、自作する土地はあるにはあったが、家族が食べていくだけで精一杯の収獲量。しかも、植村家の田畑は部落から歩いて三〇分以上もかかる不便な山奥の荒地にあった。婿入りの話が持ち込まれたとき、どう考えても先行きの苦労は目に見えていたのだが、藤治郎氏は梅さんの顔も見ないまま二つ返事で承諾した。それほどまでに、当時の農村では家長への夢が大きかったようである。

植村家の裏山に、頼光寺という部落でたった一つの小さなお寺がある。その境内に、コケむした古い石碑が一基建っている。石碑といっても高さ一メートルばかりの小さなもの。碑には「植村直助」と彫られている。植村家の過去帳によると、藤治郎氏の三代先が直助氏にあたる。いまから一五〇年ほど前の寛政年間である。当時の農家の女子たちは、家を手伝うかたわら、一〇〇キロ以上も離れた京都へ働きに出かけた。もちろん、道らしい道も整備されていなかったころだから、とても女子だけで行き来するわけにはいかない。こんなとき、いまでいうボディーガードの役を買って出たのが直助氏だったようである。野盗なども多かった時代である。頼まれれば、手紙やおみやげ物まで一緒に運んだ。農業のかたわらにである。

こんなわけで、部落の人たちから直助氏は大いに感謝され、お寺ではその善行をたたえ、部落の功労者としてこの碑を建てた。ちなみに、植村直己の「直」も、直助氏の人のよさにあやかるように、と取ったものだ。

ところが、こんな直助氏の功労とは逆に、肝心の田畑の方は、部落に近い一等地から山奥のへんぴな所に追いやられるばかり。大地主や村内の有力者たちが、直助氏が旅に出ている間に着々と所有地を広げ、実際の畑仕事は〝小方〟と呼ばれる小作人に任せ切りで、自分たちはのうのうとした暮らしを続けていた。「結局、うちの先祖たちは、この直助に代表されるように、人がいいばかりで、その実、人から利用されてばかりいたのでしょう。だから田畑の所有地も代々、少なくなっていった」と長兄の修氏。農家の土地に対する執着心はすさまじい。それこそ、一センチを巡って隣の所有者と血を流すほどの争いを繰り広げてきた。ところが、植村家の先祖たちは、どうやらこんな争いに巻き込まれるのをきらったのか、それだけの勇気がなかったのか、とにかく所有地は少なかった。それでも、大地主という〝親方〟と〝小方〟と呼ばれる小作人の上下関係で成り立っていた当時の農村社会の中で、植村家だけが親方にも小方にもならずに、ひたすら自分たちの荒れた田畑を耕し続けたのである。独立独歩のゴーイング・マイウェイである。なんだか、現在の植村の生き方をそのままながめるような感じがしないでもない。あっけないほどの人のよさも先祖たちとそっくり。

朝は日の出から夜半まで、藤治郎・梅夫婦の必死ながんばりが始まる。昔から農村社会では「養子の家は繁栄する」と言われているという。他村から来た藤治郎氏にしてみれば、上郷の男たちには負けたくないという負けん気があっただろうし、梅さんの方もなんとか藤治郎氏を男にしてやりたいという気持ちが強かったのも当然のこと。そのうえ、いまでも部落で屈指の働き者として評判の夫婦だ。いつの間にか、コツコツ築き上げた身代は、最盛期には田んぼが一町三反、山林二町、そして畑が五反（一町＝一〇反＝一ヘクタール）と、部落内でも大地主の仲間入りだ。そして、先祖が残してくれた山奥の荒地の田んぼを、家の近くの一等地と買い替えた。「一度でいいから、昼飯を食いに帰れる近い田んぼで仕事をしてみたかったなぁ。子供たちは家に残すと心配だもんでのぉ、毎朝暗いうちから牛の背にくくりつけて通ったなぁ。でも、ワシはアダ培だで、働くことしか道がなかったよ。この

高校1年生の植村直己（右）。父と母（中央）、次兄、長兄（左から）
（写真提供　文藝春秋）

但馬の国ではのぉ、一生けんめい働く人間が、いい人間と言われるんだ。頭を使って仕事をする場がないせいもあったが……。働くことがすべてじゃ。それに、どんなに人に裏切られても、人に親切にするということだなぁ。だから、ワシは先祖の直助さんは偉いと思うしなぁ。あの頼光寺の石碑だけが、植村家のただ一つの自慢のタネなんですわい」と、藤治郎さんは植村と瓜二つの丸ぽちゃで、いまだに子供のような顔をクシャクシャにして笑う。おそらく、何百万本の稲をつかみ取ったかしれない両手は、まるで氷河のクレバスのように、無数のひび割れが入っている。

この父親からは、息子直己の自慢話一つ出ないどころか、「直己が有名？　ほんとですかいのぉ。親のワシだって、いまだに信じられんのですわ。これも、みなさんのおかげです」と頭を下げた。

よく彼は、自分の冒険は劣等意識からスタートしたと言うが、藤治郎さんを支え続けてきたのもやはり〝アダ培〟という自らの卑下からだったのだ。それが、いつの間にか世界的冒険家に仕立て上げ、そして大地主の地位に押し上げてしまった。

〝ベー〟に涙を流させる

こんな両親の下で育てられてきた植村。物心つくころから両親の苦労と驚異的ながんばりを目のあたりにしてきた。

体つきは、生まれたときから小さかったが、小学校（府中小学校）を卒業するまで病気をしたのは「風邪で一度病院へ連れて行き、注射を一本打っただけ」（梅さん）という健康優良児。朝早く田んぼに出かける両親に連れられ、牛の背にくくりつけられる毎日。田んぼに着いたら、仕事をする両親と離れて牛が相手だ。「子牛だったが、よくあの子の面倒を見てくれました」（梅さん）そうだ。

耕運機など、まだなかったころ。どの農家も使役用として牛を飼っていた。小学校に入学して、植村の毎日の仕事は牛の面倒を見ることだった。但馬盆地の真ん中を流れる円山川の河原まで牛を連れ出して、日光浴をさせたり、原っぱの草を食べさせる。一日でも欠かすと牛はすぐまいってしまう。植村は、力仕事ができるようになる小学校卒業まで、休みなく続けた。

ところで、牛という動物は見かけこそ鈍重な感じを受けるが、なかなかどうしてサル以上の切れ者であるらしい。たとえば、大人が手綱を握っているときでも、ちょっとでも手の握りが緩んでいると、横目でチラッと見ながら、パッと走り出してしまう。飼い主以外の人の言うことは絶対にきいてくれない。むりやり背中にのっかってもわざと遠回りをして、腰をひねりながら歩くのだから始末におえないらしい。

だが、こんなひねくれ者の牛でも、植村の前ではピタリとおとなしくなった、という。あるとき、両親がいつものように彼を牛の背にくくりつけて田んぼに出かけ、牛を枝につないで、その横に彼を座らせて置いた。仕事が一段落してふと見ると、牛の手綱が枝からほどけて、その手綱が腹と後ろ足に絡みついて、いまにも倒れそうになってもがいていた。もしそのとき牛が倒れていたら、彼は完全に下敷きになって、どうなっていたかわからなかった。

牛は、彼を守ろうと必死でがんばったのである。

「小学校五年生ごろだったですが、河原に行って驚いたんです。牛が目からポロポロ涙を流しているんですよ。直己に聞くと〝言うことをきかなかったから、しかってやった〟と言うんです。長い百姓生活の私ですら、牛の涙を見るなんて初めてだったですよ。〝ベー〟という名前をつけた子牛だったんですが、よほど直己に惚れ込んでいたんですねえ」（梅さん）。我々には牛が涙を流すなんて、ちょっと信じられないが、なんとも彼らしいエピソードである。

あの植村が、ほんとうに植村？

家ではこんな生活を送る植村だったが、学校へ行くと、とたんにいたずらが目立った。といっても、番長グループの悪質なものと違って、子供じみたもの。そして、いたずらグループには必ず顔を出していたが、常にいたずらの先頭に立つリーダー役ではなかった。いつも二番手、三番手にいるその他大勢組だったようである。成績の方も、格別にいい方でもなく、悪い方でもなかった。コンスタントに中位あたりにつけていた。表彰状のたぐいも、皆勤賞は多かったが、学科では写生と社会で一度ずつ賞をもらったきり。運動の方も、中学時代（府中中学校）はバレー部に入っていたが、パッとしなかったのか、高校（県立豊岡高校）に入学してからやめてしまった。高校時代は、テニスやソフトボールをやっていたが、これもクラブに入らずにお遊び程度。そのころ創立した山岳部にも、もちろん無縁の存在だった。

走るのも目立つほど速くはなかったし、正課体育として行なった近くの神鍋スキー場でのスキー教室でも、どうということはなかった。つまり、勉強でもスポーツにおいても極めて中間的な存在、というより目立たず、地味な存在だったようである。

中学三年当時の担任教師であった奥正康先生（現・兵庫県教育委員会）は「スポーツにおいてもそうだったが、勉強でもどうがんばってみたところで東大や京大へ入れるわけがない。かといって、腕力でも番長グループにかなうわけがない、ということは自分で一番よく知っていたのでしょう。だから、彼の心の底にはいつも悶々としたものが消えなかった。それが、ヘビをつかんできたりする、人と変わったいたずらをすることで、自分の存在を他人に認めてもらいたかったのではないでしょうか。それに、いたずらの対象はいつもヘビやカエルなど自然指向的なところがあった。これは幼児のころから牛などと一緒に田畑に出たという環境も原因していたのでしょう。もう一つは、父親の他人に負けたくないというがんばり精神を子供のころから見続けてきたことから、負けん気は人一倍強かったようです。どんなことでも、他人のことは気にせず、コツコツやっていく面は、そのころから見られました」と言っている。

小学校から高校までの同級生たちも、異口同音に言うのは「あの植村が……」という驚きである。

小学校から同級生だった正木徹氏（日高町役場勤務）は「不思議だなぁ、という気持ちがいまでも残っている。同窓会の席でも〝あの植村が、ほんとうに植村？〟と意味が通じないようなことばで驚く奴がいる」と言う。高校時代の同級生の長岡義憲氏（自営業）は「いまだに、彼があの有名な植村だとは、僕の頭の中に残っている高校時代のデータだけではとても信じられない。たまに〝卒業したら貨物船に乗って外国へ行ってみたい〟と言っていたが〝バカこけ〟と僕は気にも止めなかった。なんだか、高校時代の彼のことを思い出すと我々にもできるような気がするが、多分大学四年間の訓練で、彼の持って生まれた素材がパッといっぺんに皮がむけたように開けたのではないか」と言うのだ。

盆地を飛び出した〝但馬牛〟

盆地の西側に蘇武岳《そぶ》や神鍋山《かんなべ》、南に妙見山、東に床尾山、北側に来日山と、せいぜい五〇〇メートルから一〇〇〇メートルの標高だが、周囲をぐるりと山で囲まれた但馬の国。盆地といっても、田畑の面積は全体の二割に過ぎず、米の出荷もほんのわずか。それでも盆地の面積だけなら東京都をしのぐのだが、人口は一番多い豊岡市で約四万五〇〇〇人どまり。植村の実家のある上郷部落にいたっては戸数わずかに一二〇戸に過ぎない。多雨多湿の憂うつな気候の中で、但馬の人は、大げさに言うならば周囲の文化から取り残されたように、目立たず、地味に、コツコツとひたすら生き続けるのだ。こんな風土が、その人間が持って生まれたせっかくの素質を、重く押し包んでしまうのかもしれない。ちょうど、この地方特有の三メートル先も見えなくなるような深い霧の中へ消えていくように……。

「兵庫県といっても、京阪神地方まで四時間はかかります。正直いって、都会の情報も入りにくい所で、たとえば進学一つにしても、この地方でどれだけできれば都会の大学に入れるのか、わからない。だから、ここの人たちは山を越えて、盆地から飛び出すのが怖いんです。臆病ということもあります。しかし、この地方でも将来性豊かな素質を持ち合わせている人もいます。そんな人が、一度飛び出して、自分の素質を活かしてくれるチャンスにうまくぶつかったら、それはとんでもない力を発揮するんです。そして、残っている者は働き者で、ねばり強いことだけは共通した点です」（日高町役場）というのだ。

こんな話がある。この地方の特産として柳行李《やなぎごうり》、鞄、そして但馬牛と呼ばれる酪農がある。最初は使役用として飼っていたのだが、食用としてもすばらしく美味。これに目をつけたのが都会の商人たちだ。今日、神戸牛、松阪牛と全国的に名を売っている食用肉も、もとをただせば原産はこの但馬牛なのだそうだ。多雨多湿の気候は結核、神経痛患者の多発と、人間には合わなかったが、牛の育成には向いていた。ところが、この美味な但馬牛を食用として売り出すだけの才覚を但馬の人たちは持ち合わせていなかった。目ざとい都会の商人たちは、使役用として使っていた雄牛まで持って帰って、ハデなＰＲ、売り込みを重ねた結果、いつの間にかこちらの方が有名になってしまった。軒を借して母屋を取られたようなもの。なんだか、あの石碑の直助氏を見る思いである。利用した商人たちは「但馬の人たちは、ちょうど但馬牛みたいなもの」と、精一杯の皮肉をこめて笑ったものである。そして、こんな但馬の人間風土の中でも、最も但馬的だったのは、〝植村家〟ではなかったのか。五〇年を超える気の遠くなるような長い間、起きてから眠るまで働きづめの生活を送ってきた藤治郎・梅夫妻は但馬人の典型だろう。

植村家はいま、農業は副業にして、主力は畳製造業に変わっている。工場を建て、九人の従業員を雇い入れ、製造から納品までの一貫作業で月産にして約二〇〇〇枚の生産量を誇っている。最近では、豊岡税務署から〝優良納税者〟として表彰されたほど。

かつて、大威張りだった大地主たちは、戦後の農地解放のあと、働くことを知らなかったため、坂道を転がるように衰退し、いま上郷部落では、かつての立場が完全に逆転しているという。植村家にとっては、長く苦しい戦いの末の勝利だった。植村自身も〝但馬牛〟の典型ではなかったか。物心がついたときから両親の苦労を目のあたりにしてきて、弱者の悲哀を、知らず知らずのうちに肌で感じていたのだ。高校二年生のころ植村は、河原で牛の手入れをしながら藤治郎さんに「とおちゃん、俺はとにかく偉くなりたいんだ」とポツリともらした。おそらく、後にも先にも、たとえ父親相手とはいっても、彼自身の口から、こんな言葉が出たのは初めてだったろう。彼の胸の底にある悶々とした気持ちが、つい肉親を相手にして口をついて出てしまったのだろう。もちろん、それが将来の山登り、冒険の世界に結びつこうとは、その当時、彼自身も感じていなかったはずだ。自らの〝但馬牛〟としての素質についても、当然気づいていなかった。それが、山登り、冒険の世界をはっきり意識しはじめたのは、大学に入ってからではなかろうか。

人をまとめるという親分肌は、もちろんこの〝但馬牛〟にはない。だから人に勝つには、共同では勝てないことを知り尽くしていた。生まれた境遇から自然指向的なところはあったが、独りでできることを、社会的、論理的に考えていくうちに、それが自然と山登り、冒険の世界へ結びついていったのだろう。なぜ彼が終始一貫して単独行を守り通すかを考えたときも、こうした風土、家系、生い立ちを抜きにしては考えられない。

そして〝但馬牛〟は、自分の素質に気づかないままに、とにかく但馬の盆地を飛び出していく。常に「自分は大したことはないんだ」という劣等意識を持ちながら。それが、大学生活、というより生まれて初めて外の空気に触れた四年間の山岳部生活で〝但馬牛〟は一皮むけ、華麗な〝神戸牛〟〝松阪牛〟に変身して行くのである。

加藤文太郎も但馬出身

ところで、希代の単独行者としていまでも日本登山界で語りつがれている加藤文太郎も、同じ但馬の生まれだ。植村の出生地、城崎郡日高町から山陰本線で二時間ほどの兵庫県美方郡浜坂町（現・新温泉町）。日本海に面した半農半漁の小さな町で、家が漁業だったことから、子供のころから日本海の荒海に親しんだ。彼もまた、末っ子の四男だった。農業と漁業の違いはあったが、生まれ育った環境は似通って、どこか植村と文太郎の中で共通するものがあるような気がしてならない。

時代が三五年ほどもちがうが、植村も高校まで進学して、その後一度、大学進学を諦めて就職している。そのころは、実家の農業の方も順調にいっており、進学を断念したのも、経済的な意味合いは薄い。ことに、この周囲が山に囲まれ、都会から遮断されたような但馬の地方では、昔から義務教育だけですぐに就職したり、家業に従ったりするのはごく当然のこととして受けつがれてきたようだ。

文太郎も、当時の浜坂尋常高等小学校高等科（十四歳）を卒業するとすぐ神戸に出て、三菱内燃機製作所（後の三菱神戸造船）に就職。そして、但馬を飛び出すとき、担任の教師に「上級学校への進学を諦めましたが、これから神戸へ出て、一旗上げてみせます」と宣言している。植村もそうだったが、来る日も来る日も多雨多湿の憂うつな気候の下で、モンモンとした少年時代を送った文太郎にとって、初めて触れる外気からの刺激は、持って生まれた素材を一気にみがき上げていく。

山登りを覚えたのも、この神戸の生活から。生まれつき地味な性格で、都会での娯楽などにはいっさい見向きもせず、そのため友人も少なかった。休日になると、独りで山に登るのが唯一の楽しみ。こうして、山登りをはじめてからわずかの期間に次々に登山回数を増やし、はじめは夏山から、そして残雪期に春山の経験を積んだ上で、最後には厳冬期に挑んでいく用意周到ぶり。ヨーロッパ・アルプスからはじまって五大陸最高峰、そして極地探検と、スケールこそ違うが、ふたりの自然に対する取り組み方は、まったく似通っているのだ。

体を鍛えるため、神戸から故郷浜坂までの約一四〇キロの道のりを文太郎はよく歩いて帰郷した。植村もまた、南極大陸横断をめざして日本縦断の徒歩旅行をやっている。しかも、自分たちが成し遂げた偉大な業績に対しては、自分から語らず、人前ではいつも謙虚な態度で接するあたり、ふたりの間には不思議なほど共通した何かが感じられるのだ。

3 「ゴキブリ」と「どんぐり」

買い出しリュックとアメ横ルック

一九六〇（昭和三十五）年四月、植村は明治大学農学部農産製造学科にめでたく入学した。なんとも専門的な学部名だが、特に「家の農業のため」などという理由があったわけではない。ただ志望者が少なくて、入学が比較的簡単だったからである。

その一年前の四月、関西大学を受けて合格している。ところが、合格通知が届く一週間前に、豊岡市に本社を持つ新日本運輸という運送会社の試験を受け、その採用通知が先に届いていたため、大学進学をあきらめている。

せっかく親戚の人が紹介してくれたんだからという義理だけの理由で、一年間のサラリーマン生活を送ることになった。自分の一生を決めるかもしれないスタート台に立って、いかにも彼らしい義理堅さだが、それでも地元に残るか、思い切って但馬盆地から飛び出すべきか相当迷ったようである。

だが、地方でのサラリーマン生活も一カ月で終止符。自分から東京支店へ転勤を申し出て、五月には上京している。運転免許は持っていたが、仕事の内容といえば、毎日トラックの助手席に座って荷物運び。運転手にアゴで使われ、その上給与の方は運転手より大分少なかった。そのころ、休暇をとって田舎の実家に帰るたびに「このままじゃ、どうしようもない。オレはなんとしても植村直己という名を世界に挙げてやるぞ」と叫んで、家族みんなを笑わせた。せっかく、但馬盆地を飛び出してみても、自分が描く夢とはあまりにもかけ離れた現実の社会。そんな鬱積したものを晴らす場は家族の前でしかなかったらしい。

というわけで、一年後再び大学を受験して明大に入学したのも「特に明大でなければ」というものではなかった。ひたすら、そんな灰色の生活から抜け出るための一つの手段に過ぎなかったようである。そして、その時点でも、まだ自分の将来に対し、はっきりとした目標があるわけではなかった。大学でクラブをやろうぐらいの気持ちはあったが、文化サークルや音楽グループに入れる才能はもちろんなかったし、運動部となると、高校時代の一流選手が集まった部が多くて、とても所属できそうな部はなかった。

入学式も終わり、ガイダンスが始まろうというとき、ふと思いついたのが山岳部であった。高校（豊岡高校）一年のとき、まだ頂上近辺に残雪のある一〇〇〇メートルそこそこの蘇武岳（豊岡市と香美町の境、一〇七四メートル）を級友と雪をガブガブ食べながら登ったことがあるくらいで、富士山こそ知っているが、北アルプスがどこにあって、どんな山があるのか、全く知らないほどだった。ただ、子供のころ子牛の背中に乗って、田畑の自然の中で遊んだ、自然への感触、そしてあこがれのようなものが、彼の体のどこかに消えずに残っていたのかもしれない。

という私自身も山登りはズブの素人。しかし、学校の行き帰りに富山湾に突き出た立山や剱岳を朝夕ながめているうちに「大学に入ったら山岳部に入ろう」と早くから決めていた。ところが、彼の場合は、神田駿河台の本校地下にある山岳部の部室の厚い扉をなかなか開ける勇気がなかったのか、思い切って〝突入〟してきたのは、部室の前へ足を運び出してから一週間が過ぎていた。

彼が入部を決心したころには、私を含めた約二〇人の新入部員たちは毎日、本校から皇居一周約八キロのトレーニングを続けており、受験勉強で鈍った体も、すっかり鍛え直されていた。「なんだか、子供みたいな変なのが入ってきやがったなぁ」「あんなのが競争相手だったら、こいつは楽だぞ……」と、一足先に入部した我々は、彼の風采《ふうさい》の上がらない姿を見たとき、なかば安心、なかば小馬鹿にしたような目で見ていたものだった。

「おまえ、装備持ってるか？」と彼にたずねた上級生に「ハイ、大体のものはそろえてあります」と胸を張って答えた翌日、部室中、涙を流さんばかりに大笑いさせられたことがあった。「私物検査」というのがあって、新入部員が自分の装備をそろえて部室に持ってきて、上級生が合格品かどうか一つ一つチェックする。当日、彼のいでたちは戦時中に使われた古い買い出し用のザック。布製のポケットがやたらに付いて、ごていねいに鈴までくくりつけてあった。足元は、ゲートルをグルグル巻き、帽子、手袋、シャツといったたぐいは、御徒町《おかちまち》のアメ横で買い集めたらしく、すべて米軍放出品で草色一色。まさに百姓が肥桶を担いだようなスタイルに、上級生も怒るのを忘れて、笑いこけた。

彼が入部して三日後には新人合宿が白馬岳で行なわれた。トレーニングも満足にする時間がなかった彼は、いきなり私物を入れると四〇キロ近い荷物を背負わされ、入山初日の小日向のコルへの登りでついにぶっ倒れたのだ。隊列から遅れる彼の尻、脚を上級生は情け容赦なく、ピッケルのシャフトで打ちまくった。「オレは、山登りであのときほど苦しい思いをしたことはない。あんな恥ずかしい思いをしたこともない」と、彼はいまでも振り返ってよく言っている。もっとも、その後四年間、彼と山登りを一緒に続けるわけだが、後にも先にも彼がバテてぶっ倒れるのを見たのは、この新人合宿の初日の一日だけであった。

大学の山岳部という所は、おもしろい集団であった。全国各地からいろいろな人間が集まってくるわけだが、どうも山男という人種は「オレが、オレが……」という我の強さをそなえつけているようである。ことに、陸上や水泳競技などと違って表面上に記録の表われないスポーツであるから、一層他人とのはっきりした優劣の基準というものがなくなってしまうのだろう。

新人合宿で一番先にバテた彼に対し、私を含めた新入部員たちは「やっぱり風采どおり……」と鼻の先で笑うようなところがあり、逆に彼の方は初っぱなのこの醜態が、ほかの同僚たちに対する強烈なコンプレックスになったようである。負けずぎらいの彼は、その後このコンプレックスを取り除くために、人知れず努力を重ね今日の偉大な冒険家の下地を作ることになったわけだが、その意味では新人合宿のただ一回の醜態が、彼にとって一つの幸運、支えとなった、と言えないだろうか。「ゴキブリ」との出会いも、今日の彼を築き上げる上で重要な意味を持っていた。

というより、彼の四年間の山岳部生活はすべて「ゴキブリ」という好ライバルとの、いい意味での闘いだったと言える。一年も過ぎると、新入部員もひとり減り、ふたり減りして残ったのは総勢五人だけになった。この五人の中で絶えずリーダーシップを取ったのは「ゴキブリ」とアダ名された小林正尚だった。

不幸にして、彼は植村が南米・アマゾン河のイカダくだり挑戦中に、山仲間の結婚式に出かけ自動車事故で死亡してしまった。東京生まれだったが中学、高校（城北高校）時代から山岳部に入って、大学に入るころには、国内の主な山はほとんど登り尽くしていた。見るからに山男的な精悍な風貌、骨組のがっしりした頑丈そうな体、山の技術、知識も飛び抜け、そのうえ能弁ときている。すべてが、当時の植村と比べ対照的だった。「ゴキブリ」とアダ名されたのも、どんな場所や話にも強引に首を突込む好奇心の強さと、死んでも生き返りそうな強烈なバイタリティーから。

五人の同期生中、私や植村を含めて高校時代から山登りを経験していたのはこの小林ひとり。だから、自然と日常の部生活でも、山に入ってからも小林が我々の中心になっていった。口や態度でこそ表わさなかったが、こんな小林の横で、植村はコンプレックスをつのらせる一方、内心激しいライバル心をかき立てていたようである。

ちなみに植村は、上級生たちから「どんぐり」と呼ばれていた。新人の秋山合宿で、そぼ降る冷雨の中、丸顔の上に正ちゃん帽（頭頂に丸い玉をつけたニット帽）をかぶって、しょぼくれていた姿が「どんぐり」そっくりだったから、というのが定説となっている（ベレー帽という説もある）。純朴で、だれからも愛される、いかにも植村らしいネーミングである。

単独行志向の萌芽

私自身も感じたことであるが、上級生になるにつれ、自分の力のなさが悲しくなってくるものだ。圧倒的な迫力と実力で下級生をグイグイと引っ張っていく小林に対し、山の知識などほとんど持ち合わせていなかった私など自信喪失に陥るばかりだった。少なくとも、二年生あたりまでの植村も、私と似たり寄ったりではなかったかと思う。

私と違うところは、彼には人には計り知れないほどの激しい負けじ魂があったということだろう。当時彼が住んでいた川崎市柿生の下宿のお寺で、毎朝トレーニングを始める。新人合宿が終わってすぐのことだ。朝六時に起き、九キロばかりの山道を走り回る。合宿と合宿の合い間には、独りで富士山に出かけてトレーニングを重ねる。

単独の個人山行の出発点は、そもそもこんなところからスタートしている。二年、三年部員と進み、教えられる立場から教える立場になったとき、自分の山の知識が未熟なことで精神的に苦しむ。こんな苦しみから抜け出すためには、合宿以外の個人山行で力をつける以外になかったのだ。しかも、仲間と一緒だと意味がなくなってしまう。

二年生の春山合宿。弥陀《みだ》ヶ原から雷鳥沢経由、剱岳本峰を登ったとき、彼としては初めて雪山の単独山行をやっている。登頂成功してミクリガ池のベースキャンプを引き揚げる帰路、途中の小屋に合宿の残りの食料、燃料をデポして、いったんみんなとともに千寿ヶ原(現・立山駅)まで下山し、合宿が解散になったあと、また独りで弥陀ヶ原に引き返した。このときは、弘法小屋にデポした食料を、ほかのパーティーに盗まれたのと、吹雪のためにミクリガ池まで登って、断念している。

そして、四年生を送り出して初めて我々がリーダーシップを取って行なった三年生の春山合宿（大日岳主稜から剱岳）の後、当時としては驚異的な単独行を敢行している。おそらく、彼の雪山単独行の本格的なものとしては、この山行が最初になるだろう。合宿終了後、いつものように合宿の残りの食料、燃料を持って、富山から大町に出て、大町トンネルから仙人ルートへ。仙人ダムの対岸の急な尾根に取付いて、熊のように雪の中へ消えていった。たまたま、ダムの越冬管理人がこれを目撃して「ヒェー、あんなとこ登ってどこ行くんかい」と日を丸くして驚いたという。そのまま阿曾原峠を経て北仙人山頂に出て、仙人山経由仙人池ヒュッテから剱沢・二股を目がけて駆け下って、再びハシゴ谷乗越に登り返し、真砂尾根をたどって真砂岳に立ち、さらに地獄谷を目がけて駆け下り、弥陀ヶ原を経て千寿ヶ原に下山した。テントなし、小屋泊まりとスコップ一つの雪洞生活五日の山行だった。立山山脈横断、えんえん約三〇キロの単独行だった。

余談であるが、三日目の仙人池ヒュッテに泊まったときのこと。積雪のため、小屋の一階は埋もれて、出入口は二階になっている。なにしろ、合宿の残りの食料、燃料をかき集めただけだから、この先の日程を考えると量も質も心細かった。初日から一日ラーメン二食。階段を下りて一階まで行けば、小屋の貯蔵用の食料（どの小屋でも夏場の余った食料、燃料などを貯蔵してある）があるはずだった。

だが、ヒュッテに着いたのは遅くなってからで、もちろん先客はだれひとりいなかった。二階の降り口から見る一階は雪に埋まって真っ暗。ときどき風が吹きつける音がガタガタと窓を揺るがすたびに、ドキンと心臓が高鳴った。一階に降りれば暖かで、うまいものが食べられることはわかっていても、彼には降りていくだけの勇気がなかった。

いまでこそ、〝単独行の植村〟が売りものとなって、はたから見れば信じられないようなエピソードだと思うだろうが、決してそうではない。アマゾンでも、ケニアでも、そして北極でも、こんな恐怖感が絶えずついて離れない。氷壁や岩壁、寒さや吹雪の前では超人的な勇気を発揮する彼も、実はこんな隠れた一面を持っているのだ。〝アニマル植村〟は、決して怖いもの知らずではない。むしろ人並み以上に小心な男なのである。

「どんぐり」の前ではホッとする

ともかく、一年に七回も合宿山行をやり、合宿だけで一〇〇日以上山に入り、そのうえ個人山行を入れると年のうち一二〇～一三〇日も山に入っていた。三日に一日の勘定である。そして、山行を重ねていくうちに、やがて山に対し、あるいはこれから先の自分の進むべき道に対し、彼なりの考えも次第に固まっていったようである。もちろん、その裏には「ゴキブリ」こと小林正尚に対する猛烈な競争意識が働いていた。

下界での部生活ではともかく、二年の後半あたりから山の実力の面ではメキメキと頭角を現わす。体力、技術でも我々五人の同期生の中では小林とともに飛び抜けていた。雪山の極地法登山などになると、上部のキャンプはいつも彼らふたりが選ばれ、我々はいつもベースキャンプか下のキャンプで苦汁を飲まされた。ときには、小林を差しおいてアタック隊に選ばれることもあった。こと山の実力に関しては、上級生のリーダーたちも、そのころから彼に対し絶大な信頼を置いていたようである。

といっても、山に対する実力はともかく、彼を相手にしたとき、入部したとき抱いたあの「風采の上がらない……」「肥桶担いだ百姓」というイメージは、我々の間ではどうしてもぬぐい去ることができなかった。強烈な個性派が群がったような山岳部の中では、いかにも彼の人のよさは、場違いな感じがした。荷物を分配する装備係の私など、いつもナベ、ヤカン、竹ざおなど背負いにくくて、みんながいやがるものは、全部彼に回した。内心はどうであれ、彼はいつも文句を言わずに背負ってくれたからだ。

雪山の食事当番ほどつらいものはない。朝起きると、まず水を作るために外へ出て雪を取ってこなければならない。吹雪の朝など、暖かい寝袋から抜け出して、外へ出ることはものすごく勇気がいる。こんなとき、彼と食事当番に当たったものは、楽な思いをするのだ。彼の前で「さて、雪でも取りに行くか」と、寝袋から起き上がるマネだけすればよい。そうすると、決まって「いいよ、いいよ。オレが取りに行ってくるから」と、サッと外へ飛び出していくのだ。いまから考えると、我々が繰り返す〝演技〟は当然勘づいていたはずなのに……。そんな底抜けな人のよさがあった。だから、我々はいつも「食事当番は植村と組めますように」と、心の中で必死に念じたものである。

私自身にしても、ほかの同期の仲間といるときより、彼と下宿に帰って、ふたりで銭湯へ行って、帰り道に大衆食堂へ寄ってカレーライスを食べ、キャンディーをなめながら下宿へ帰るひとときが、なんとも言えない安らぎのようなものを覚え、好きだった。強烈な「ゴキブリ」や部の仲間から離れて、彼とふたりっきりになったときホッとするのだった。我々にとっては、彼はそんな存在だったようである。

当時を振り返って、我々が新入部員のころのリーダーだった鈴木伊和雄氏（自営業、四十）は「あまり植村の記憶は残ってないねぇ。特別強烈な印象もないし、いつも小林の陰に隠れて目立たない存在だったよ」と言う。やはり二年生のときのリーダーだった木村敏之氏（会社員、三十九）も「あまり記憶にないが、とにかく山に入ったら木の実をよく食べていたのを覚えているよ。屁理屈を言うわけじゃないし、非常に素直だった。悪く言えば〝百姓〟というのかなぁ。でも、単独行するほどの人ぎらいなところはサラサラなかったし、こんなふうになるとは思ってもみなかった」と振り返っている。

サブ・リーダーに推される

三年も終りになって、いよいよ次期リーダーの選考問題が持ち上がってくる。明大山岳部では、各学年の交代期は、その年の冬山合宿までで、春山合宿からは新しい最上級生がリーダー・シップを取る。リーダーは主将に当たるチーフ・リーダーと副将に相当するサブ・リーダーのふたり。卒業するリーダー陣とOB会、監督が話し合って決定する。

そしてチーフ・リーダーに選出されたのは「ゴキブリ」の小林で、すでに山の実力では小林を上回る力量を身につけていた植村は、サブ・リーダーに決まったのだった。サブ・リーダーといっても、実際の仕事内容は、学校の予算会議に出席したり、合宿の交通の手配、下級生の相談相手、部費の徴収といった、つまり庶務係、マネージャー役である。

彼をサブ・リーダーに推薦した一年先輩のチーフ・リーダー高橋登美夫氏（会社員、三七）は「彼は、やはり人を引っ張っていくという力には欠けていた。それに強烈な個性のあった小林と同期生、下級生の〝歯止め〟〝クッション〟として、彼が一番適任だった」と言う。サブ・リーダーに選んだのも、こんな理由からだろう。

そのころ、彼が私にこんなことをポツリともらしたことを覚えている。「もう、こんな山岳部という集団はイヤになった。ひとりで山に登っている方が、どんなに気が楽かしれん……」

同じ釜の飯を食い合った仲間、ザイルで結び合った友情……などと、山男の堅い友情として讃えられることが多いが、実際はそうとばかりは言えない。記録にはっきりと出る団体ならば、各自が自分の立場、分担というものを割り切れるのだが、山の場合はそうはいかない。OBや下級生に少しでもよく見られるように、あるいはアタック隊に入りたいため、リーダーになりたいため、はたから見る以上に山登りそっちのけの、大げさにいったらドロドロした葛藤みたいなものがあった。

最初のうちは、ほかの仲間に対するコンプレックスを除くため、あるいは上級生になって人の上に立つための試練と考えてやっていた単独の個人山行も、次第にわずらわしい仲間うちの合宿山行から逃れて、本来の意味の単独行に変質していった面もあるようである。彼のような男だからおくびにも出さなかったが、リーダーとなった三年の終りごろから、部に対して拒絶意識を持ち始めた。いつも、小林の陰

現役最後の合宿。剱岳頂上で（写真提供　文藝春秋）

に隠れて、ナンバー2の男でしかなかった部生活。「本当の勝負は、卒業してからだ!」とひそかに心の中で思い続けていたのだろう。

「ゴキブリ」がアラスカへ

登山の視野が開け、外国の山岳書も読むようになって、海外の山への夢も次第にふくらんでいく。ちょうどそんな時期にチーフ・リーダーの小林が、四年生の夏山合宿が終わってから、個人のお金でアラスカへ個人山行に飛び出したのだった。

いまでこそ、アラスカといえば気軽に行ける所だが、外貨持ち出し自由化前の当時は、ちょっとした〝遠征隊並み〟であった。全部員がそろって羽田空港まで見送りに行った。そのときの植村の、情けないような、うらやましそうな表情は、いまでも私の頭にはっきりと残っている。彼にとって、四年間のライバルだった小林に、彼より一足先に外国の山へ飛び立たれたことは、痛烈なショックだったことは間違いない。

アラスカに渡った小林は、ブッシュ・パイロットとして有名なドン・シェルダンの操縦するセスナ機で、マッキンリー(現在の公式名称はデナリ)の氷河に降りて、氷河散歩などをして二週間後に帰国した。

小林が帰国してからがまた大変だった。

「おめえなぁ、外国の山ってのはスケールが違うよ。日本の山なんて、小さい、小さい」

「氷河のブルーアイスときたひにゃ、日本製のピッケルやアイゼンでは、ちょっと歯が立たないぜ」

得意の絶頂のようになって話し続ける小林の経験談は、すべてが新鮮で、耳新しかった。そして、植村をうらやましがらせ、ライバル意識をメラメラと燃え立たせた。卒業してからの就職なんて、もうどうでもいい。せめて一度でもいいから外国の山に登りたかった。それが、自分にとって最も幸せな道だと思った。

彼が、今日の冒険家への道を歩もうと、おぼろげながら感じとったのは、この小林のアラスカ行が直接のきっかけだった。もっとも、就職しようにも、満足に授業にも出なかった我々にとっては、うまい勤め口があるわけがなかったが……。ともかく、何から何まで彼と対照的な男だった「ゴキブリ」の存在は、彼の今日を築き上げる過程の中で、影響力は大き過ぎた。

現役最後の合宿となった北仙人尾根から剱岳本峰への冬山合宿を無事終了したあと、彼の頭の中には、もう日本を飛び出すことよりほかになかった。就職も、ガールフレンドも、卒業証書も、彼には無縁のものであった。

4　一一〇ドルと三五〇〇円

〝カミカゼ〟海を渡る

見慣れた東京の街並みも、水平線上から消えていった。最後に残った富士山も、淡く、墨絵のように薄くなっていく。

一九六四（昭和三十九）年五月二日、この年、日本もやっと外貨持ち出しの自由化（年一回、五〇〇ドルまでの制限付き）に踏み切って、今日の海外旅行ブームの走りを作った年でもあった。山岳部時代から使っていたすり切れたキャンバス製のキスリング、中に入っている物も、合宿用のナベ、コンロ、そして雨ガッパ……。ヨレヨレのグレーのズボンに、これもアカがしみ込んだような緑色のブレザー。登山靴と、手には当時一五〇〇〇円也で買えた国産のピッケル。

お金のなかった僕も、餞別代りとして使い古した夏用のポロシャツ一枚を進呈した。懐には、換金したばかりの一一〇ドル（当時約四万円）と日本円が三五〇〇〇円だけ。帰りの旅費はおろか、向こうに着いてからの当座の生活費すら不足していた。両ヒジでデッキにもたれ、次第に視界から遠ざかっていく富士山を見ながら、涙が自然とこぼれ落ちた。波のしぶきが混じった涙は、行く先の〝不安〟を暗示するよように苦かった。

横浜港から出港したロサンゼルス経由南米行の移民船「あるぜんちな丸」は、さながら〝特攻隊〟のように日本を飛び出した彼を乗せて、一路ロサンゼルス外港のサンペドロ港を目指して進んでいった。

はたから見ても、文字どおり無鉄砲そのものの日本脱出ぶりだった。三年生の終りごろから卒業するまでの一年間余り、私は東京・阿佐ヶ谷の民間アパートで、彼と一緒に自炊生活を送っていた。部屋代が割り勘になるからというのが〝同棲〟の主な理由だった。

外国行きの具体的な準備を始めたのは四年生の後半から。語学がからっきしダメだった彼は、『百万人の英語』のテキストブックを買い込んで、毎晩ラジオにかじりついていた。その後一カ月間ばかり、近くの英語学院にも通った。

出発も目前に追ったある日のこと。毎晩遊び歩いて、彼に対し多少のヒケ目を感じていた私は「どうだ。ちったぁ英語、うまくなっただろう。オレと勝負してみようか」と、遊び半分に挑戦した。勝負といっても、およそ大学生の内容とはほど遠く、八畳のアパートの中を見回して、目につくものを交代に英単語で言い合うというもの。先につまった方が負け。「ウィンドウ」「ミラー」「ウォール」「チェア」「えーと、デスク」……といったぐあい。最初のうちこそすらすら出たが、単語力の乏しいふたりでは、ものの五分間も続かないうちに、つまってしまった。しかも、先に音を上げたのは、毎晩ラジオにかじりついていたはずの彼の方だった。出発を目前にしても、その程度の語学力でしかなかった。「無一文で、しかもこの語学力で、一体どうやって職を探し、生活していくのだろう?」と、あっけにとられたものだった。

両親に話せば、引き止められるのを恐れて、資金づくりも自分の手でやらなければならなかった。とても付き合い切れず、外食に切り替えた私を横目に、田舎から送ってきた米と玉ネギのみそ汁ばかり毎日食べていた。たまにキャベツの千切りか、白菜のお新香がつけばいい方だった。こうして家からの仕送りの一部をコツコツため込んだ。

土方仕事で渡航費かせぎ

だが、これもたまる額はたかが知れている。たまたま、アパート近くの女学校の増築工事が始まって、飯場が建ち、背中にイレズミを彫った土方たちが大勢集まってきた。彼は、いつの間にか三食付き、一日一五〇〇円の、当時としては最高待遇のこの飯場に潜り込んでいた。

最初は「おまえのような素人の学生が来る所じゃない」と断った飯場の親方も、三日間通い続けて、セメント袋、鉄骨などを運んでデモンストレーションをする彼に、ついに根負けして本採用となった。朝八時から夕方六時まで。毎日のように三時間の残業をして、いまの一万円相当のお金を一日でかせいだ。お金につられて私も出かけてみたが、一日中突っ立ったままの肉体労働は山岳部の合宿よりも厳しく、一日でやめてしまった。

適当に手を抜くコツを心得ているプロの土方たちの横で、目いっぱい働く彼に、飯場の親方はすっかりほれ込んでしまい、やめるときはクリカラモンモンのお兄さんたちも集まって、飯場の食堂で盛大なお別れパーティーを開いてくれた。外国行きの話を聞いた親方は、餞別までそっと手渡してくれた。こうしてかせいだお金も、ロスまでの片道切符一〇万円と、二、三の装備を買ったら、もう手持ちは残り少なかった。

「言葉もできない。お金もない。初めての外国。オレは、本当にこの先どうなるのだろう」

「でも大丈夫だ。山での残飯あさり。玉ネギのみそ汁ばかりの半年間。オレはお金を使わなくとも生きていく自信がある。第一、オレには肉体という貴重な財産があるじゃないか」

富士山を最後に、とうとう日本の陸地が一条の帯になって水平線に消えていった。沈みゆく夕日を見つめながら、わいてくる不安をかき消すように、自らを勇気づけていた。

当時を振り返って「アマゾンでも北極圏でも、出発前は、戦場に出かけるような気分になって、怖さと不安でガタガタ震えたが、いま振り返ってみても、初めての外国行きは、これまでのどの冒険よりも、オレにとっては恐怖と不安が入り混じった大きな冒険だった」と彼は言う。

中学生ぐらいもない語学力、一一〇ドルといっても、物価の高いアメリカではたちまち底をついてしまうだろう。自慢の肉体も、働き場所がなければなんの意味もない。その職場を見つけるにしても、言葉が通じなければ話にならない。せいぜい

キスリングザックに登山靴でアメリカに上陸。サンペドロ港で
（写真提供　文藝春秋）

が、軽薄なヒッピーとして日本へ強制送還されるのが関の山だろう。

もともと、最初の目的地にアメリカを選んだのも「労働賃金の高いアメリカでかせぐだけかせいで、最終目的地のヨーロッパ・アルプスに渡ろう」と考えたからだ。もちろん、観光ビザで働けば違反になるということも、旅行代理店から聞いて知っていた。

しかし、いまさら引き返す道はなかった。一般学生のように就職活動もせず、ひたすら日本脱出の夢を追い続けてきた大学生活。残された道はただ一つ。とにかく日本を脱出することだ。言葉のことも金のことも、そのときになって考えればよい。こんな〝悲壮〟な気持ちだった。

ルームボーイ、皿洗い、そしてブドウもぎ

横浜港を出て十四日目に船はサンペドロ港に入った。初めて異国の地に立ったとき、興奮と不安でノドがカラカラに渇き上がったのを、いまでもはっきり覚えている。

ロス市街のＹＭＣＡのホテルに泊まりながら、新聞の求人欄を辞書を引きながら

調べ、片っ端から電話をかけ「アィ・ウォント・ワーク」を受話器に向かって連発した。だが、相手の早口の英語はほとんど理解できない。そのうち、一方的に電話は切られてしまった。

それでも、あきらめずにダイヤルを回し続け、三日目にロス郊外の高級ホテルに職を見つけることができた。昼はルームボーイ、夜は炊事場に入っての皿洗い。朝八時から夜一二時まで、一日一六時間、立ったままの働きづめ。それでも、三食確保されたことだけでも満足だった。

ところが、ホテル経営者は一カ月近く働いたあと、観光ビザの弱みにつけ込んで「働いているのを移民局に見つかると、日本へ強制送還されるぞ」と、おどしをかけてきた。働いた分の半分も給料をもらわないまま、飛び出すハメになった。どうも、経営者は、最初から彼にねらいをつけ筋書きを考えていたようだ。

次に潜り込んだのは、ロスとサンフランシスコの間にあるパレアの果樹園。カリフォルニア・レーズンで有名なブドウもぎが仕事。

四〇度を超える炎天下、朝六時から午後四時半まで。労働者は、ほとんどが隣のメキシコからやって来るメキシコ人の季節労働者。五月に来て、十月のフルーツ・

シーズンが終わるまで、半年間のうちに一五〇〇ドルから二〇〇〇ドル近くもかせいで帰る。これだけあれば、あとの半年は遊んで暮せるそうだ。そして大半が、労働許可書を持たない国境からの密入国者。

賃金は歩合制だった。大ナベ一杯が六セント(当時二一円六〇銭)。針金にはわせたブドウ畑は、二メートルほどの間隔で列を作って、一本のレーンが二〇〇メートル以上にもなる。右手にカマのようなナイフを持ち、左手に大ナベをかかえて、一メートルほどの高さに連なるブドウの房を切り落としていく。

しかし、一日に大ナベに四〇〇杯以上、歩合にして二五ドル以上ももぎ取るメキシコ人たちと比べ、慣れない彼は、一〇時間働いても一〇〇杯分にもならず、手にするのはたったの六ドルぽっち。要領もあった。キャンプから五〇人ばかりのメキシコ人たちとトラックの荷台に乗ってやって来るのだが、この荷台を降りた瞬間から勝負が始まっていた。できるだけ、実の多いレーンを目がけて突進するのだ。レーンによって出来、不出来が大きかった。他人に遠慮していたら、たちまちかせぎが落ちる。

後から収穫量を点検に来る白人の係員のために、ナベにもぎ取ったブドウは、一

パレアの農場で（写真提供　文藝春秋）

杯分ごとに紙の上に並べて置く。この並べ方にもコツがあった。初めのうちは、わけがわからないので、ギュウギュウに詰め込んだ一杯分をそのまま移したが、メキシコ人の並べ方を見ると、手できれいにならしたあと、四隅と真中に、粒の大きいこんもりとした一房を置く。こうすると、いかにも多く見え、ナベに八分目ほどの量ですむわけだ。

ブドウの木にガバッと顔を突っ込んで、とにかくめくらめっぽうに切り落とす。最初のうちは、一日に三、四回はハチに刺されて能率が落ちたが、慣れてくるとハチの巣のありそうな所の見当がつけられるようになって、火をつけた紙で焼き殺していく。要領もわかり慣れてくると、一カ月目にはメキシコ人たちを追い抜いて、一日三〇ドルもかせぐ果樹園のかせぎ頭となった。

生まれて初めてキスをしたのもこの果樹園だった。メキシコ人のなかには、何人かの娘も混じっていた。メキシコ娘は陽気で明けっぴろげだ。腰をかがめて、ブドウをもいでいるとき、豊かな胸元が丸見えになる。日本では、女性には全く縁がなかった彼も、日本人がひとりという物珍しさも手伝ってか、娘たちにモテモテだったようである。

あわや強制送還！

一番恐れていたことが突然襲ってきたのは、果樹園に入ってから三カ月を過ぎた九月も終りのころだ。三カ月間、一日も休まず働き続けて、すでに日本から持ち出した〝一一〇ドルと三五〇〇円〟のお金は、一気に一〇〇〇ドル（当時三六万円）以上にもふくれ上がっていた。

その日、トラックから降り、空を見上げるとセスナ機が一機、低空飛行でこの果樹園を旋回している。いやな予感。メキシコ人の何人かは、セスナ機を見ただけで脱兎のごとくどこかへ消えうせていた。そうこうしているうちに、二台のジープが、鉄格子窓のついた護送車を従えて、こちらの方にやって来た。

「ジープを見たとき、移民官だな、と直感した。逃げようと思えば逃げられる時間があった。でも、初めての経験で足がすくんでしまって動けなかった」

結局、つかまったのは彼のほか、男のメキシコ人ひとり。あとの連中は、要領よく、見事に逃げてしまった。護送車に乗せられ、街外れにある移民局の窓一つない、暗い、コンクリートがむき出しの収容所にぶち込まれた。外から大きな錠をかけられた。

「目の前が真っ暗になった。土方に混じって鉄骨を組み立てた苦労も、眠い目をこすって英単語を覚えたことも、ここへ来て三カ月間ぶっ通しで働いた苦労も、これで全部終りになる。一体オレはなんのためにこんな苦労を重ねてきたんだ。情なくなって、涙があふれてきた。そして、もし罪人として日本へ強制送還されるようなことになれば、両親やお世話になった山岳部の先輩や仲間に会わす顔がない。あのとき、とっさに自殺まで考えた」

が彼は、山というより人生そのものにかける熱意と誠意で、言葉の障害を突き破って、このピンチを見事に乗り切ったのだ。

翌朝、係官の前で取り調べを受けた彼は、通訳に入った日系人に、自分のこれまでの外国の山にかけてきた情熱と苦労、そしてアメリカで働いたのも、ヨーロッパ・アルプスに登るためだったことなどを切々と訴えたのだった。

何度もうなずきながら聞き入っていた係官は、最後にはにっこりと笑って「こんなことは前例のないことですが、特別に君を日本へ送還しないように手配しましょう。ただし、これ以上アメリカで働くことはできません。すぐヨーロッパに行って、君の目的である山登りをしなさい」と、励ますように肩をたたいてくれた。その係官の顔が、ほんとうに神様のように見えた。

もし、日系人の通訳も、そして彼の訴えを聞き届けてくれた官吏も、観光ビザの弱みにつけ込んできたあのホテル経営者のような意地の悪い人間だったら、どうなっていたかわからない。最後の土壇場で、こんないい人たちに巡り会えるラッキーさは、その後の十余年にわたる放浪生活のなかでも、随所に見られる。ラッキーといえばそれまでだが、しかし〝運も実力のうち〟という言葉がある。彼の生き抜くことにかける熱意と、そして身をもって示す誠意が、このラッキーを呼び込んだのだろう。

クレバスにはまってさあ大変

五カ月間のアメリカの生活で手にした一〇〇〇ドルの〝大金〟を懐に、十月初め、ニューヨークからイギリス船に乗り込み、フランスのル・アーブル港へ向かった。日本を出るときの悲壮感も、五カ月間の外国生活の自信と一〇〇〇ドルもの大金の重みから、一転して胸が熱くなってくるような期待にあふれていた。

パリから汽車と電車を乗り継いでフランスのシャモニに入ったのは十月末。初めて見るモン・ブランに、これまでの苦労もいっぺんに吹き飛んだ。澄み切った山の空気は、炎天下のブドウもぎのアカを、すっかり洗い流してくれた。土方のアルバイトもブドウもぎも、みんなこの地に来るためだった。

町外れの森林地帯の中にキャンプ地を見つけ、上野のアメ横で二〇〇〇円で仕入れた中古テントを張った。お金を節約するために、キュウリをかじり、ゆでたジャガイモをほおばりながら、首が痛くなるほどモン・ブランをながめ続けた。

実のところ、日本を出発するときは「本場のヨーロッパ・アルプスを見るだけで満足」という気持ちで出かけて来たのだが、いざ目の前にしてみると、もういても立ってもいられなかった。

シャモニに来てから二週間が過ぎた十一月十日。すでに登山シーズンも終わって、針峰群は新雪をまとっていた。一週間分の食料を詰め込んで、いよいよ登攀開始。尾根伝いの一般ルートをたどって、初日は途中の廃屋になったケーブル駅に泊まった。

二日目、尾根から離れて生まれて初めて氷河(ボソン氷河)に立った。ところが、氷河を横断し始めて三時間もたたないうち、突然足元の雪が崩れ、そのまま、ちょうど落とし穴に落ちていくような感じで、彼の姿は氷河上から消えてしまった。クレバスに落ち込んだのだ。割れ目の上に新雪がかぶって、見分けがつかなかった。

一瞬の後に気がつくと、胸とザックを背負った背中が、両側の壁にはさまって、両足がブラブラと宙に浮いていた。シーンと静まり返った底の方から、サラサラと水の流れる音が聞こえ、二メートルほど上に青い空がのぞいていた。

運よく途中で、チョック・ストーンが引っ掛かったようなきわどい状態で止まったのだ。しかし、怖いも何も考える余裕はなかった。夢中で、宙に浮いたままの両足のアイゼンを青氷に突き立て、ジリジリせり上がった。

右手が穴の外に出たとき、やっと「助かった」と思った。体が完全にクレバスから脱出して外に出たとたん、恐ろしさで足がガタガタと震え始めた。クレバスの神秘さ、氷河の持つ怖さを命がけで体験し、それからもう一歩も前に進むことができなかった。

クレバスにもいろいろな形がある。入り口が狭くて、下にいくほど広がっているもの。その逆のもの。たまたま、彼が落ち込んだのは、両側が垂直に割れたズン胴型で、あとなんセンチかでも幅があり、ザックを背負っていなかったら、間違いなく〝氷づけ人間〟になるところだった。人間の運命なんて、微妙なところで、どう転ぶかわかったものではない。これもまさにラッキーそのもの。

幸運を呼び込む〝植村流冒険術〟

しかし、彼にとってモン・ブランでのこの初っぱなの失敗が、逆に挑戦意欲をかき立て、その後の冒険人生の土台を作ることになる。傷心の帰り道、モン・ブランの山頂を振り返りながら「ちきしょう！　こうなったら来年の夏までここに残って、必ずあの山頂に立ってやろう」と、働く決心をした。もし、このときすんなり登頂に成功していたら、その後の冒険人生を精神的、経済的に支えた三年間にわたるフランスの生活も、あるいはなかったかもしれない。

「人間なんてなぁ、必死になればたとえ相手が自然であっても、人間であっても、必ず通じ合うもんだ。言葉がわからなくとも、相手の目を見つめて、誠意を持って当たりさえすればわかってもらえるもんだ。遊びの気持ちや、口先だけの行動ではすぐ見破られてしまうもんだ」

アメリカに着いて三日間も職探しの電話をかけ続けた忍耐強さ、ブドウもぎでメキシコ人を抜いて、ついにナンバーワンになったねばり、強制送還寸前で係官を口説き落した勝負度胸。どれも、生き抜くための体を張った熱意と誠意の体当たり戦法。〝植村流冒険術〟とでも言おうか。いつの間にか、相手はこの戦術にかかって、胸襟《きょうきん》を開くことになる。

移民官に見つかって、逃げそびれてつかまる要領の悪さはあるが、しかしこの要領の問題も、彼の強烈な体当たり哲学の前では吹き飛んでしまう。どんな事態が起ころうと、背を向けて逃げては負けになる。正面からぶつかるだけ。ぶつかれば必ず道が開けてくる。そして、彼の生き方にあたかも〝共鳴〟したかのように、最後の土壇場でいつの場合でも幸運の女神が味方してくれる。しかし、前にも言ったように、幸運は向こうからおとずれたものではなく、彼自らの手でつかみ取ったものである。

モン・ブランから帰って、やがて始まるスキー・シーズンの準備に忙しいシャモニの町を、職を求めて歩き回る。手持ちのお金も少なくなって、来年夏にモン・ブランの再挑戦を決心したことで、とにかく働く場所を見つけなければならなかった。

しかし、フランス語も小鳥のさえずりぐらいにしか聞こえない者では、どこのホテルへ行っても、ジロリと一瞥されたあげく、野良犬を追い払うようにして手を振りながら断わられた。

だが、持ち前の体当たり精神はここでもまた大きな幸運を手にすることになる。シャモニをあきらめた彼は、三〇キロばかり離れたスイス国境の小さな村、モルジンヌにやって来た。ここで、その後彼の親代りとなって、あらゆる面倒を見てくれた恩人ジャン・ビュアルネ氏と出会うのである。

このモルジンヌでスキー場を経営するビュアルネ氏に認められて三年間、スキー場のパトロール員として働きながら、あちこちの山へ登ることになるのだが、ビュアルネ氏が、言葉も、スキーもできない彼をかわいがって働かせてくれるようになるまで、いかにも彼らしい体当たり戦法が展開されるのである。

5 寂しき代打ホームラン

金メダリストの前で一世一代の〝名演技〟

冬が近づいてくるのが恐ろしかった。そのころ毎朝、寝ぐらとなっていたケーブル駅の二階の窓を開け、山の状態を見る。「まだ滑れないなぁ……」とホッと胸をなで降ろしながら、もう一睡りするのが日課になっていた。

だが、一二月に入って日ごとに〝雪線〟は山頂からスキー場へと近づいてくる。そして中旬が過ぎたある朝、起きてみると一晩のうちに一メートルを超える新雪がドカッと積もって、それまで地肌の見えていたスキー場が、一面の銀世界になっていた。

「いよいよやって来たか」

「もう最後だなぁ」

と、思わず独り言を言いながら、覚悟を決めた。というより、もうあきらめの心境だった。

シャモニでの仕事探しを断念して、モルジンヌにやって来て、幸運にもその後、彼のよき理解者、父親代りとなってくれたジャン・ビュアルネ氏と巡り会った。そして、ビュアルネ氏の経営するスキー場（アボリア・スキー場）に、イギリス青年と一緒に雇われた。といっても一〇日間の試し雇いである。この一〇日間の仕事ぶりで、本採用か不採用かを決める、というわけである。

アメリカでかせいだ一〇〇〇ドルの持ち金も、次第に残り少なくなっていく。とにかく働かなければならない。最後に巡り会ったこのチャンスに、なんとしても食いついていかねばならなかった。新しく開発したばかりのこのスキー場は、冬のシーズンインを真近にして活気づいていた。ポルトガル、スペイン、モロッコなどからやって来た出かせぎ人夫たちが働いていた。

仕事は、リフトの取付け。イスを一つ一つワイヤーに引っ掛けビスで止めていく。指導標のペンキ塗り。リフトの油塗り。コースに飛び出した石ころやダイナマイトの残物を運び出す。仮小屋となるバラック造り……。朝八時から夕方五時まで、コマネズミのように動き回って働いた。それでも、久し振りに働き口にありつけたことで、流れる汗や筋肉の痛みはかえって気持ちのいいものであった。

もともとが、こんな肉体労働は彼の最も得意とする領域である。「理屈で言うより、行動で示す」ことが、植村直己のすべてであった。石ころ運びやペンキ塗りは、彼にはドンピシャの仕事だった。仕事の内容を聞かされたとき「この仕事は、お手のもの！」と内心手をたたいて喜んだ、という。

ポルトガル人などの人夫より軽く三倍は働き、一〇日間の試し雇いの結果、もちろん本採用に決まった。ちなみに、一緒に試し雇いされたイギリスの青年の方は、フランス語がペラペラ、という有利さを持っていたのに、不採用となった。どうやら「動く方より口が先」というタイプであったらしい。

しかし、めでたく本採用に決まっても、彼には大きな不安があった。スキー場で働くからには、当然スキーができなければならない。試し雇いされる前も、ビュアルネ氏から、まず最初に聞かれたのもこのことだった。

「スキーの方は大丈夫だろうなぁ」

「オフコース。学生のときから毎年、シーズンが待ち遠しいくらいでした」

やっと探し当てた仕事。ここで失ったら、モン・ブランもマッターホルンも夢物語に終わってしまう。それに「たとえ一日でも、働くことによってお金が得られる」と思った。

そして、一九六〇年、アメリカのスコー・バレーの冬季オリンピックの滑降優勝者でもあるビュアルネ氏の前で、一世一代の〝名演技〟をやってのけたのだ。「スキーはお手のもの」とばかり、山岳部時代スキーのうまい上級生の滑っていた格好を思い出して、盛んに滑るフォームを演じて見せた。実際は冬山合宿などで履いたことはあるが、まっすぐ転ばずに滑るのが精いっぱい。もちろんこのときは前にいる人物が〝金メダリスト〟ということは知らなかった。それに、テストされる心配のある雪は、スキー場にはまだなかった。

雪がなかったから、幸いなことにウソもつけた。必死になって〝熱演〟する彼を見ながらビュアルネ氏は「オーケー、君ができるということはよくわかった。もういいよ、ナオミ」と、ニコニコ笑いながら彼の肩を優しくたたいた。おそらく、ビュアルネ氏は彼の〝名演技〟を見た瞬間、彼がスキーのできないことを見抜いていたのだろう。

滑降優勝者ということを周りの人から聞いて知ったのは、本採用が決まった後だった。

ハッタリがばれた日

〝運命の日〟がやって来た。新雪の積もった翌朝、さっそくビュアルネ氏からパトロール隊員に集合がかかった。そのころになると、出かせぎ人夫たちは帰国して、将来国家試験を受けて、スキーコーチを目指す指導者の卵たちが、パトロール隊員として新たに採用されていた。地元フランス人のほかはイタリア人が大半。

石ころ運びなどの作業が終わって、彼はこのパトロール隊員として本採用されたわけである。二〇人余りのパトロール隊員たちは、いっせいにスキー場に飛び出した。スキー用具を一式与えられていた彼も、躊躇《ちゅうちょ》するわけにはいかなかった。日本のバネ仕掛けだけのカンダハーの締具しかつけたことのない彼にとっては、ネバダの締具は扱うだけで汗たらたら。どうにか靴をはめ込んで、長さ二メートルを超える指導標を背負ってリフトに乗り込んだ。

山頂から重い指導標を背負ったまま滑り降り、コースの途中途中にこれを埋め込んでいく。ビュアルネ氏は、この初日の作業で隊員たちの実力を測り、上級コースから中級、初級コースに振り分ける腹づもりであったようだ。

アボリア・スキー場のアルバイト仲間と（写真提供　文藝春秋）

いきなり壁のような急傾斜のある上級コースのてっぺんに立たされた。しかも三〇キロ近い重い荷を背負ったままだ。

「きょうで、このスキー場ともお別れか」

「せっかく自分に好意を持ってくれ、本採用にまでしてくれたビュアルネさんは、ウソがばれて怒るだろうなぁ」

「今度は、どこへ行って仕事を見つけようか」

などと考えているうちに、いきなり後ろの方からビュアルネ氏の「ナオミ、最初に滑ってみろ！」という声が聞こえてきた。一瞬、心臓がドキンと音を立てるのが聞こえるようだった。それから「こうなったら、なるようになれ！」という開き直り。両足を踏んばって、ストックを思い切り雪面にたたきつけ飛び出した。新雪は靴を隠すほどの量だった。五メートルばかり滑った所で、当然のごとくドサッとあお向けにひっくり返っていた。

雪まみれになった顔をぬぐいながら、恐る恐る後ろを振り返ると、笑いこけるほかの隊員たちの中に、これも腹を押えながら笑っているビュアルネ氏の顔があった。

「あれっ？」と思っていると、ビュアルネ氏は「オーケー、ナオミ、あと一カ月もすればうまくなるさ」と笑いながら言った。ビュアルネ氏は最初から見抜いていたのだ。「一世一代の〝名演技〟も、自分の独り相撲だった」と思うと顔から火が出るほど、恥ずかしかった。

スキー場の仕事は楽しかった。朝八時半、ケーブル駅の〝自宅〟を出るとすぐスキーをつけ、夕方は五時まで、その間スキーを外すのは昼食の三〇分だけ。お客さんが来る前にリフトで頂上へ行き、そこから横に隊列をつくって階段を降りるようにしてコースを固めていく。コースのデコボコや穴をスコップでならしたり、木で作ったローラーを使ってふたりで直滑降して雪面を固める。ビュアルネ氏が言ったとおり、一カ月もするとスキーが体の一部のように感じるようになって、上達も目覚ましかった。

それでも、ほかの隊員たちから〝クリスマス・ツリー〟という不名誉なアダ名を頂戴してしまった。コースの下は森林帯になっていて、ツリー用に使うサパン（モミノキ）の木などが密生している。まっすぐしか滑れない彼は、いつもこのサパンの木に正面衝突。根元の周辺は空洞になって、衝突するとスキーが枝と雪面に橋のように引っ掛かって、空洞の中で〝逆さ宙づり〟になってしまうのだ。ちょうど、クリスマス・ツリーの飾り物のように。

〝ツリー〟になってしまうと独りでスキーを外せなくなって、だれか助けを呼ぶハメになる。隊員が近くにいたときはまだいいのだが、いないときはこちらも必死だから、一般客に向かってフランス語で「エデモアー！（助けてくれ）」と叫ぶことになる。スキーパトロール隊員が、お客さんに助けられる。ちょっとした〝見せ物〟になったのは当然である。

母校のヒマラヤ遠征に飛び入り参加

一カ月間が過ぎて、ようやく仕事にも慣れてきたころ、日本から一通の手紙が舞い込んできた。母校の明大山岳部では、その年の春、ネパール・ヒマラヤのゴジュンバ・カン（当時七六四六メートル）へ遠征隊を出すことになって「特別隊員として参加しないか。もし、ほかの隊員に気がねがあったら、正式隊員ということではなく、シェルパ、ポーター役としてでもいい」という誘いの手紙だった。

スキーで、どうにか仕事ができるようになったばかりでもある。どちらを選ぼうか迷った。しかし、日本を飛び出してきたのも最終的には外国の山登り、ことにヒマラヤの山に登ることが目的だった。迷った末、ヒマラヤをとることに決めた。「ポーターとして行かせてくれ」という返事を出した。お世話になったビュアルネ氏には失業覚悟で願い出たところ、二つ返事でOKしてくれた。そして「登山が終わったら戻って来い。待っているよ、ナオミ」と餞別までくれた。

二月上旬ローマに出て、空路カトマンズに飛び遠征隊と合流。約一年ぶりで再会する仲間たちは「どんぐり！　よく来たなぁ」と温かく迎えてくれた。彼らは、それぞれ社会人として職業を持っていた。会社勤めの者は貴重な休暇を使って、自営業の者はその間、営業成績が落ちることも覚悟でやって来た。計画作りから始まった実際の準備期間は、優に一年を超えるだろう。自分の生活を犠牲にしてまで、ヒマラヤ登山に情熱を傾け、やっとの思いでカトマンズまでたどり着いた彼ら。

しかし、かつての山岳部の仲間たちから温かく歓迎されながらも、植村は心底から隊の中に溶け込むことができなかった。「彼らと比べ、オレは準備もなんにも手伝ってないし、お金も出していない。それに、準備を手伝いながら、隊員選考にもれた先輩や後輩がたくさんいる。なんにもしていないオレが、でき上がったものを、トンビが油揚をさらうように食いついていいものだろうか」という後ろめたさが胸をうずかせた。キャラバンが始まってからも隊員たちから離れて歩き、いつも彼の横にいたのはシェルパやポーターたちだった。歩きながら自分自身に言い聞かせるように「これはオレの山登りではない……」と繰返しつぶやいたものだ。

実際の登山活動が始まってからも、このことは同じだった。ルート工作や前進キャンプ建設といった華々しい任務は隊員たちに任せ、自分はできるだけ後ろの方で、シェルパ、ポーターと一緒になって地味な荷上げ作業に徹するように心がけた。

隊長も、こんな彼の心情を察してか、隊員配置の関係からときたまルート工作などの最前線に彼を起用したが、大半は下の方で荷上げ作業や雑役を命じてくれた。

隊員、シェルパ各一名がブロック雪崩に当たり重傷を負うというアクシデントもあって、一時は「登山続行か断念か」で議論されるほどのピンチを乗り越えて、ついに七〇〇〇メートルに最終のアタック・キャンプが建設された。隊長から発表された登頂隊員は、彼より四年先輩の平野隊員と同期生の「ゴキブリ」こと小林、それにシェルパの三人。植村は、この登頂隊のサポート役としてシェルパ一人を連れ、最終キャンプの建設と登頂ルートの途中までのルート工作役だった。

第一次登頂隊は、稜線直下の高さ六〇メートルの垂直に落ちる壁にさえぎられて、ついに断念して引き返してきた。その日の夕方、第二キャンプにいる隊長から、続く第二次登頂隊の名前を読み上げる声が、通信機を通して聞こえてきた。

「第二次隊は植村とシェルパのペンバ・テンジンの二人に決めます。第一次隊の三人は彼らのサポート役に回って下さい」——植村は一瞬自分の耳を疑った。「シェルパ代わりのオレが登頂隊員に？……」登山が始まってからも、こうしてほかの隊員を差し置いて最終キャンプに登ってきてからも、登頂隊員に選ばれることなんか夢にも考えていなかった。

ましてて、隣にいる平野隊員や小林は、失敗こそしたが、シェルパが不調で足手まといになったことも原因していたのだから。ふたりとも口にこそ出さなかったが、二回目をねらう闘志のあることは彼にも手に取るようにわかった。

植村の名前を読み上げる隊長の声を聞くふたりの心境を思うと、いたたまれない気持ちになって、いまにもテントから外へ飛び出したい衝動に駆られた。

だが隊長の命令は絶対だった。少しの反論も許されなかった。平野隊員の「わかりました」という返事が、彼にはかすれていたように聞こえた。

感激なき初登頂

翌朝、一九六五（昭和四十）年四月二十三日、すべての雑念を忘れて、頂上へ続く関門の岩壁にへばりついていた。ザイルを組むテンジンは下の方から「サーブ（旦那）、こんな危険な所、もう引き返しましょう」「通信機を出して、隊長に引き返すと伝えましょう」と、しきりに言っている。こんなテンジンを引きずるようにして、出発してから一〇時間以上をかけ、やっと壁を乗り越えた。そして、夕闇迫る午後五時五分、ふたりは頂上に立っていた。

放浪先の外国から飛び入り参加し、ポーターのように荷上げを繰り返しながら、いつの間にか〝正隊員〟を差し置いて、ヒマラヤの処女峰を征服してしまった。しかも事故者の続出、第一次隊が失敗と、隊としてはぎりぎりの土壇場に追いつめられた状態だった。野球にたとえるなら、起死回生の逆転打。それも、九回裏の代打満塁ホームランといったぐあいに大見出しがつけられそうな登頂劇であった。

だが、頂上に立ったときもそれほど感激はなかった。ただ言えることは「隊長の判断で成り行き上、頂上まで来てしまった。自分で〝やった〟という気持ちも全然

1965年4月23日午後5時5分、ゴジュンバ・カンの頂上に立つ
（ペンバ・テンジン撮影／写真提供　毎日新聞社）

しなかった」と。

下のキャンプから、隊長をはじめ隊員の感涙にむせんだような祝福の声が、通信機を通して何度も聞こえてくる。そんな彼らが、うらやましかった。頂上に立ちながら、なんの感慨も持てない自分と比べ、彼らは登頂成功の報をズシリと体全体で受け止めているに違いなかった。

その後、彼はモン・ブランから始まって、たった独りで五大陸の最高峰を登りまくるわけだが、これを決意したのは、ほかならぬこのゴジュンバ・カンの頂上に立った瞬間だった。頂上で味わった寂しさが反動となって「よぉし、オレも頂上に立って、心底から喜べるような山登りをやってやるぞ」ということではなかったろうか。しかも、独りでやればそれだけ喜びも独占できる……。

下山のキャラバン中、メイル・ランナーが日本の新聞を届けてくれた。後援社のその新聞の一面トップに「登頂者植村直己」の活字がでかでかと躍っていた。ほかの隊員たちの名前は、隅の方にほんの申し訳程度にちょこっと載っていた。

ショックで、その場にいても立ってもいられなくなった。まさに〝トンビが油揚〟という感じである。隊員たちはこれを見てなんと感じただろうか。平静を装っていても、やっぱり白々しい空気が感じられた。生身の人間なら当然のことだろう。「みんな気持ちの中には〝自分たちの隊をかっさらった〟という思いが、これは自分の思い過ごしかもしれないが、大なり小なりあったのではないだろうか」と彼は当時を振り返る。

そして隊長からは「日本人で登ったのはおまえだけだから、隊と一緒に帰らなくちゃだめだ」と言われた。だが、それまでは多少は帰りたい気持ちもあったが、あの新聞の活字を見た瞬間、はっきりと帰らないことを決心した。人に、特に先輩たちの命令には絶対忠実な彼も、このときは「帰りません」と、断固として言ってのける。

もし、このとき彼が帰国していたら、再びモルジンヌに戻れるチャンスが訪れたかどうかわからない。彼の代わりに、一緒に登ったシェルパのテンジンが隊に同行した。ヒマラヤ登山史上でも、成功した隊が登頂者を同行しないで帰国したというのは、おそらく初めてではなかったか。

マトンをかき集めながら再びフランスへ

隊で使った装備を背負えるだけ背負い込んで、帰国する仲間たちとカトマンズで別れた。といっても、懐にはお金はほとんど残っていなかった。カトマンズから汽車でインド平原を横切ってボンベイ(現・ムンバイ)に出て、そこから船でフランスまで帰ることにしたが、汽車賃はなんとか間に合ったが、そこから先は全くの無一文になる。

事情を言って、隊から借りることもできたが、日本帰国を断った手前もある。油揚をさらっておいて、借金までしたくはなかった。隊長から「金は持ってるのか?」と聞かれたときも「充分すぎるほど持っています」と答えた。

「アメリカをはじめ、これまで無一文で生きてきたじゃないか。死にゃあしないさ」と勇気づけてみたものの、初めてのアジア、しかも経済事情の悪いインドとあっては、さすがに不安をぬぐい去ることはできなかった。

汽車は一、二、三等の三段階に分かれていた。もちろん三等車に乗車。ちょうど映画やテレビで見た戦後の日本の買い出し列車を思い浮かべるような混雑ぶりだった。出入りは窓から。スシ詰めの車中は、網棚の上にまで乗っかっている者があり、汚い足が目の前でブラブラ揺れている。入るときはまるでケンカだ。先にザックを押し込むと、放り出される。大きいザックを背負ったまま、窓わくを乗り越えて入り込むのに悪戦苦闘。

ボンベイに着いたときは、日本円にして二〇〇〇円ほども残っていなかった。カメラを売ろうと思ったが、登録された外国製品を売るとバカ高い税金を取られる。仕方なく、泊めてくれそうなお寺を回っているうちに、たまたま日印農事試験場に勤める加納さんという人に巡り会って、加納さんの好意でボンベイからフランス・マルセイユまでの船賃を貸してもらう。

船には大勢の日本の若者たちが乗っていた。大半が外国にあこがれ、日本を飛び出してきた若者たちだった。加納さんの借金も船賃ぎりぎりだったため、マルセイユからモルジンヌまではヒッチハイクと徒歩で帰るつもりだった。

そのためには食糧を確保しておかなければならない。大食堂での食事が終わるたびに、パン、ジャガイモのフライなどの残飯をかき集め、隠すようにしてザックに詰め込んだ。哀れむように見ていた人たちも、彼のあまりにも必死な姿に感動？

したのか、自分の方から差し出してくれる人もいた。
ありがたかったのはマトン（羊肉）が出る日。ほとんどの人が、においが強過ぎるためか、手をつけない。彼は、腐らないように塩をまぶし、ビニール袋にパックして喜々としてザックに詰め込んだ。

驚いたことに「フランスに着いたら、アルバイトを紹介してくれ」と彼に頼み込む日本の若者たちの大半が、マトンに手を出さなかったことだ。

「これから無銭旅行をしようという者が、マトンさえ食べられないようでは、行き着く先は知れている」と彼は腹の中で笑った。日本を出るとき仲間から〝神風野郎〟と笑われたが、本当の〝神風野郎〟というのは彼らのことではないか、と思った。

マルセイユからはヒッチハイク。といっても、ザックを背負った汚い山男にはほとんど車は停まってくれず、大半を歩いて、三日がかりでビュアルネ氏の待つモルジンヌにたどり着いた。ところが、そこで待っていたのは、日本を出てから一年余の間、粗食と過労が重なったことによる約一カ月余りの闘病生活だった。しかも、懐中は無一文……。

6 アフリカ二つの「冒険」

無一文で入院

モルジンヌにやっとたどり着いた三日後、彼は生まれて初めて倒れた。体中が鉛のように重く感じられて、冷や汗が流れ落ちた。目がかすんで来た。

生活用具も部屋に残したまま、救急車でモルジンヌから三〇キロほど離れたレマン湖のほとりにある病院に運ばれたのだ。

腰がキリもみのように痛んだが、診察した医者がフランス語しか話せず、どうしても痛い箇所が通じない。フランス語の辞書も置いてきたから、ただうなっているだけ。そのうち、医者の方が英語の辞書を探し出してきて、やっと「ビールス性肝炎」と判明した。

だが、そんなことより心配だったのは入院費の問題だった。ヒマラヤ遠征で使い果たしたから、無一文。異国で病気にかかり、それも小銭一枚もない不安は、ケニアのジャングルより怖い。

看護婦がいなくなると、自分の不幸をのろいながら、布団をかぶってポロポロと涙を流した。

いよいよ退院が近づくと、経理の方から恐れていた請求書が回ってきた。一日七〇フラン（当時約三五〇〇円）の一カ月分という。フランス語が全然わからないふりをして「アイ・ハブ・ノット・マネー」を、ひたすら繰り返すより仕方なかった。「ないなら、日本大使館に連絡するぞ！」と向こうもあきれ果てた表情。最悪の場合は、ビュアルネ氏に泣きすがるより方法はなかったが、ヒマラヤ遠征で長い休暇をもらって帰ってきたばかりである。どうしても言い出すことができなかった。

ところが、いよいよ退院の日になると、そのビュアルネ氏が車で迎えにきてくれ、入院費も当然のような顔をして支払ってくれたのだ。

こんなこともあって、彼は恩人ビュアルネ氏のスキー場に落ち着くことを、いよいよ堅く決心した。

冒険人生のスタートとなったアフリカ山行

彼の冒険生活の本当の意味の出発点となったのは、アフリカのケニア山（五二〇〇メートル）、キリマンジャロ（五八九五メートル）山行だった。

「あれほど、気持ちの上ですっきりして、さわやかな山行はなかった」と、彼はいも振り返る。いろんな意味で思い出多い、彼にとっては意義深い山行だった。

一九六六（昭和四十一）年十月。前年には母校明大山岳部のゴジュンバ・カン（七六四六メートル）遠征にモルジンヌから飛び入り参加して、見事頂上に立っている。マルセイユからケニアのモンバサ港行の客船に乗り込んだ。客船といっても、いつものように最低クラスの部屋。船底にゴザを敷いてあるだけで、窓一つない暗がりの中で、白い目玉だけギラギラさせているアフリカ黒人に混じったザコ寝である。

しかし、彼の心は燃えたぎっていた。このアフリカ山行は、自分でかせいだお金で、自分で計画し、だれからも縛られない、初めての自分だけの大きな山行だったからだ。

今回の北極点到達のように、登山から大がかりな極地冒険へと移った現在、前にも述べたが、自分の手でかせいだお金だけではとうてい追いつかず、出かけるたびに大スポンサーが何社もつく。もともと自分の気持ちだけを満たす目的で始まった彼の冒険も、ときにはこのスポンサーとの力関係の結果、金縛りの状態になって、初期のころの素朴な冒険心も薄れがち。そして、いつの間にか人間くさい彼の素顔も隠されてしまう、ということもまた事実だろう。

船底のザコ寝からスタートしたこのアフリカ山行は、素朴な「冒険家植村直己」の素顔が、随所にちらつく。初めての、だれにも束縛されない自由気ままな山行だったからであろう。

マルセイユを出発して二週間目、船はケニアの港、モンバサに入港した。ここから汽車で首都ナイロビへ。そして、ケニア山麓のナンユキという小さな町へ到着したのは真夜中に近い時間だった。駅前には立派なホテルもあったが、懐中一五〇ドルの相変わらずのケチケチ旅行。

ナンユキの駅長の案内で連れて行かれたのが、原野にポツンと一軒建って、表の看板に『ナンユキ・ハイライフ・クラブ』と書かれた、ちょうど日本の居酒屋のような感じの店だった。駅長が、しばらくそこの女マネジャーと現地語（スワヒリ語）で何やら話し合っていたが、やがて女マネジャーが手招きして、英語で「入れ」といった。

二階へ上がると、三〇坪ほどの部屋で若い男女が板張りの床をきしませながら、強烈なリズムに合わせて踊っていた。ガンガン響く楽団の演奏に合わせて、踊り狂っている、という感じ。街灯一つない真っ暗な原野の中で、突然別の世界に飛び込んできたような気持ち。

プリント地の派手な原色の服を着た若者たちは、全員が黒人。毎日、夜になるとあちこちの部落から集まってきて、真夜中近くまでアルコールを飲んで、踊り興じるのだ。クラブといっても、日本でいえば村の集会所のようなものであろう。

女マネジャーに案内されたのは三階の部屋。ベッドが一つ置いてあるだけで、あとは隅の方にがらくた類が山積みになって、部屋といってもふだんは倉庫に使われているらしい。それでも野宿を思えば、初めて接したアフリカ人の親切がありがたかった。

階下から音楽や若者たちの奇声がガンガン聞こえてくるが、アフリカの第一夜、久しぶりのベッドの上でぐっすり眠った。

引き返すか、強行するか

翌朝、ケニア山の登山許可をもらうため町の警察署へ。ところが、ここで痛烈なショックを受けることになる。

たった独りで、突然舞い込んできた小男が「登山許可書が欲しい」と言ったものだから、署長まで飛び出してくる騒ぎになった。そして、片言の英語を話せる署長は、目を丸くしながら「君はクレージーか」と言ったあと「許可書はすぐにでも出せるが、君には認めるわけにはいかん。ケニア山に登るには数キロにおよぶ密林地帯を通らなければならない。ヒョウやゾウなどの猛獣がいっぱいいる。道もないこんなジャングルを鉄砲も持たず、そのうえたった独りで登ろうというのは、気狂い沙汰である」と、厳しい顔つき。

どうやら、子供のころから日本の富士山と同じように、アフリカのケニア山という名前に慣れ親しんでいたためか、軽く考え過ぎていたようである。

それでも、署長の言う言葉にまだ半信半疑のような表情の彼に対して、署長は古いファイルの中から三枚の写真を取り出してきて「これを見ろ。それでもまだ君が行くというなら、許可書は出すが、君の命まで警察は保障しない」と言って、彼の前に突き出した。

写真はどれも、猛獣に襲われた白人パーティーの、内臓が食い荒されて飛び散った無惨なもの。一瞬、心臓が氷のように硬く、冷たくなり、それから全身がガタガタと震えるのを覚えた。

「あきらめようか」「でも、山の麓まで来て引き返したとあっちゃ、日本にいる友達や、せっかく休暇をくれたモルジンヌのジャン・ビュアルネ氏に顔向けができない」——引き返すか、強行するか、頭の中でめまぐるしく交錯した。

それでもやっと気持ちを落ち着けて、現地の案内人を一人雇うという条件で、最後まで渋い顔をし続ける署長から許可書を取り付けたのだ。

その夜、ナイト・クラブの倉庫にもどった彼は、目をつぶっても、昼間見せられた写真の場面が浮かんできて、眠れなかった。「もしかすると、これがオレの最後の夜になるかもしれない」「いまからでも遅くない。登ったということにして、このまま帰ればいいじゃないか」

気持ちを紛らわせるために、足は自然と階下のダンス場に向いていた。その夜も、五〇人近い若い男女が集まっていた。飲めもしないのにビールを注文した。日本を出て以来初めてのアルコールで、コップ二杯ほどでもう頭がポーッとしてきた。泣き出したいような心境だった。

女マネジャーが、彼の方にやって来た。そして、笑いながら「女の子はいらないか？」と言った。最初は女マネジャーも冗談半分のつもりだったらしいが、いまにも泣き出しそうな彼の表情を見て、かわいそうに思ったのか「どの子がいい？　好きな子がいたら言いなさい。私が交渉してあげるから」と、真剣な口ぶりに変わった。

それまで、日本を飛び出してから約二年半余り、アメリカ、フランス、そしてヒマラヤ遠征という放浪期間中に、女性と関係を持つチャンスは、その気になれば何度もあった。しかし、自分の方から意識的に遠ざけてきた。彼の女性関係といえばカリフォルニアのブドウ園でメキシコ娘とただ一度キスしたぐらい。それまで正真正銘の〝童貞〟だった。

「結婚するまで童貞は大事にしておかなくちゃあいけないもの」と堅く心に決めていた。だが、その夜はそんな誓いも、どこかへ吹っ飛んでしまっていた。とにかく、恐怖と不安を紛らわせるために何かにすがりつきたかった。ベッドから起き上がって、足が自然にダンス場へ向かったようだったが、本当は、初めからこうなることを無意識のうちに期待していたのかもしれない。

いまでこそ、鉄のような意志で極地を突っ走る彼だが、我々と同じような弱い素顔がのぞいている。

黒人女性の母性愛にすがった登山前夜

背が低く、顔はお世辞にも美人とは言えないが、チリチリの髪の毛を赤いリボンで結って、一生懸命に美しく見せようとした、けなげな女心がのぞく、ひとりの女の子が目についた。女マネジャーに「あの子ならいい」と言った。

その子は、こっちを見て、そして女マネジャーにしきりに首を振っていた。「断わっているのだろうか?」——いたたまれない気持ちになって、残りのビールびんをかかえて寂しく倉庫部屋へ戻っていった。

ところが、しばらくしてノックの音とともに、恥ずかしそうに彼女は入ってきたのだ。スワヒリ語しか話せない彼女との会話は「イエス」と「ノー」だけ。それで充分だった。女マネジャーから明日ケニア山へ出発するということを聞いたのか、しきりに「よせ」という仕草をして見せる。ふたりでビール二本を飲んだあと、黒人娘の母性愛にたっぷりとひたりながら、明け方近く、生まれて初めて男になった。驚いたことに彼女もまた初めてだった。

罪悪感はあったが、後悔はなかった。「一緒について行く」という仕草をする彼女が隣で眠っている間に、これから始まる山行の不安も、彼女に対する未練も振払うようにして、倉庫部屋を飛び出した。

ナンユキの町からバスで一時間半ほど、ケニア山の登山口になるナロムロに着く。ここで黒人青年を案内人として雇う。

例によって、すったもんだの話し合いのすえ「一日食事付き九シリング（約四八〇円）で、無事成功したら、いま履いている毛の靴下と下着をチップとして払う」という条件で、折り合いがついた。それでも最初のうちは「案内人は一〇人以上連れて行くのが普通。そうすれば猛獣も警戒してめったに襲って来ない。ふたりだけなんて、まっぴらだ」と、しりごみして同行を渋った。

ホテル代すら倹約している彼には、一〇人も雇えるわけがなかった。黒人青年はそれまで二回、外国パーティーを案内しているが「たったふたりでジャングルを通過するのは初めて」と言った。

万全を期してジャングル通過は翌日の早朝とし、その夜は登山口にある派出所にテントを張って眠った。ここまで来たら、さすがに度胸も座ってしまった。というより「もうジタバタしたって始まらない。なるようになれ……」という開き直り。それに目をつぶると、不安を打ち消してくれるかのように、昨夜の黒人娘の笑顔が優しくほほえみかけてきた。

ケニア山頂で味わった〝手づくり山行〟の味

翌朝、黒人青年に揺り起こされてやっと目が覚めるほどぐっすり眠った。いよいよジャングルの通過。先頭を行く黒人青年は、落葉の音にも立ち止まって耳をそばだてるほどの神経を遣いながら、抜き足差し足といった感じで進んでいく。一〇メートルほど進むたびに止まって辺りの様子をうかがい、異常なしと感じると彼を手招きで呼ぶ。

彼の方は、襲われてもいつでも逃げ出せるように、ザックに腕を通さずに、両肩で支えただけで、おっかなびっくりついていく。なにしろ、ふたりの持っている武器といえば、黒人青年の刃渡り五、六〇センチの蛮刀と彼のピッケルだけ。

「怖いのはヒョウとゾウと野牛。ヒョウは絶対に背中を見せて逃げるな。じっと目をにらみ返せ。ゾウは、木の間をジグザグに走って逃げろ。野牛は、近くの木によ

ケニア山の麓の村で（写真提供　文藝春秋）

じ登れ」というのが黒人青年が伝授してくれたジャングルの心得。

そろそろジャングルから無事抜け出そうという直前、突然、前を行く黒人青年がピタリと止まって、恐怖で引きつった顔で振り返る。指さす所を見ると、五〇メートルほど離れた大木の枝で、小さなヒョウがじっとこちらをにらんでいるではないか！

心臓が音を立てて高鳴るのがわかった。動きを止めたまま、しばらくにらみ合いが続く。初めての経験で、ヒザ頭がガタガタと震えた。時間にして数秒の間だったかもしれないが、彼にはものすごく長い時間のように感じられた。

そのうち、後ろ向きに飛び降りたヒョウは、反対方向の灌木の中へ消えていった。「子供のヒョウだったから襲われずにすんだ」という黒人青年の額からも冷や汗が吹き出していた。

約五時間近くの密林ルートを無事抜け出たあとは、もう問題なかった。途中のケニア山岳会の小屋に黒人青年を残して、翌日の十月十六日午前一〇時、頂上付近が万年雪で覆われたレナナ・ピーク（四九八五メートル）山頂に立った。

ヒマラヤのゴジュンバ・カンのときは〝飛び入り隊員〟という負い目から、せっかく登頂隊員に選ばれて頂上に立ったものの、なんの感激もない味けない登頂成功となったが、ケニア山の山頂で味わう気分は最高だった。

すべてが〝手づくりの冒険〟だった。だれに遠慮することもなく、食べたいときに食べ、眠りたいときに眠る。笑いたいときに笑い、泣きたいときに泣く。思い切り自分をさらけ出せた。そして山頂で、最初に浮かんできたのは、あの夢のような一夜を与えてくれたナンユキの黒人娘の微笑だった……。

こうして、アフリカ大陸に第一歩をしるしたあと、続いて最高峰キリマンジャロも五日の行程を四日間で駆け登って、約一カ月近いアフリカ山行を終えて再びフランスのモルジンヌに戻ってきた。

「いまはもう、あんなにさわやかで、気ままな冒険はできなくなった。どうしても他人の力を借りなければできなくなったし、周りの人が自分のやることに注目しているから……」と、一二年前を振り返る彼の表情は、心なしか寂しげである。いやおうなしに偶像としてまつり上げられつつある現在の彼。これはいまでも、冒険というものの原点にひたすらあこがれる人間植村の本音かもしれない。

モルジンヌでは、父親代りのジャン・ビュアルネ氏が首を長くして彼の帰りを待っていた。アフリカ山行の成功を伝えると、我がことのように「よくやった！よくやった！」と言って喜んでくれた。

アフリカ山行から帰ってきて、翌年の一九六七（昭和四十二）年の一年間近くは、アボリアのスキー場に腰をすえて、せっせと次の冒険のための資金作りに専念した。スキーの技術も上達して、この年の四月に行なわれたモルジンヌ地区のスキー大会に参加、一三六人中、堂々と一三位に食い込んだ。将来の指導員を目指す腕自慢がこぞって集まった大会だった。

そして、この年の暮れ、三年間にわたるモルジンヌでの生活に別れを告げて、南米の旅に出発していく。そしてこの南米にも、ドラマチックな彼の冒険人生を彩る、喜びや悲しみの日々が待っていたのである。

7 三〇ドルを惜しんで

「いっちょ、やってやるか」

全長約六〇〇〇キロ。日本列島の宗谷岬から南の与論島まで約二六〇〇キロだから、これを約一往復半。北アメリカ大陸を横断してなお余る勘定。アマゾンは気の遠くなるような長さだった。河口にある島が九州より広いというから、これはもう日本人の我々では想像もつかない、河というより海に近いスケールなのだろう。

この大河を前にして、一九六八（昭和四十三）年四月中旬、植村のかつて味わったこともない苦悩が続いていた。「乗り出すべきか、引き返すべきか……」

それは過去五年間余り、アメリカ、ヨーロッパ、ヒマラヤ、アフリカと続いてきた冒険生活の中でも、初めて経験する恐怖と戦慄だったようである。もともとが、このアマゾンは南米大陸に入る前までは、全く彼の頭の中になかったもの。それが、南米大陸最高峰アコンカグア（六九六一メートル）を登ったあと、次にペルー・アンデスをねらって、ボリビアからペルーのリマに到着。しかし、この時期、ちょうど雨期に当たったためやむなくアンデスは断念。そして次の目標だった北米の最高峰、アラスカのマッキンリーを目指して、長距離バスでアンデスを越え、ちょうどアマゾンの中間辺りにあるイキトスに出た。ここからアマゾンの河口までは船便が出ており、これに乗って河口から北米に渡る予定だった。

だが、目の前に途方もなく大きく、海のようにうねっているアマゾンを見ているうちに、彼の冒険心に火がついてくるのだった。というより、漠然と「いっちょ、やってやるか」と考えつくきっかけとなったのは、相も変わらぬ彼の貧しい懐具合が一番の原因だった。

約三年間にわたるヨーロッパ生活に別れを告げ、フランスのマルセイユからこの南米行の移民船に乗り込んだとき、彼の懐には、モルジンヌのスキー場でかせいだお金が、当時の日本円にして六〇万円ほどあった。しかし、その貴重な資金も、アコンカグアとその前に登ったエル・プラタ（五九六八メートル）登山で半分近く吹っ飛んでいた。これから先のマッキンリー登山を考えると、むだ金は一銭たりとも使いたくなかった。

イキトスから河口の終着地マカパまでの船賃は三〇ドル（当時で約一万円）足らずの安さだったが「流れまかせの、イカダで下ればタダじゃないか」というわけである。

モン・ブラン、マッターホルンのヨーロッパ・アルプス、ヒマラヤのゴジュンバ・カン、ケニア山、キリマンジャロのアフリカの山々、そして、この南米に来てからのエル・プラタ、アコンカグアと続いてきた山登り。しかも、ヒマラヤ以外は登山のなかでも一番難しいと言われる単独登山である。もちろん、登ったコースにはアクロバチックな登攀ルートは少なかったが、大学時代から加えて八年間の山登り生活で培われた登山に対する自信は大きかった。

だが、このアマゾンのイカダ下りは、彼にとってあまりにも未知であり過ぎた。登山という〝高さ〟に対しては、もう人並み以上の自信を抱いていたが、河下りは、もちろん初めての経験。当然のように、さまざまな不安や恐怖が入り込んできた。いまでこそ、北極点単独到達からグリーンランド内陸縦断という前人未踏の大冒険に奮戦中の彼だが、当時としては当然のことであったろう。

このアマゾンのイカダ下り以後、それまでの登山という〝垂直指向〟だけでなく極地冒険という、いわば〝水平指向〟が芽生えていったのではなかろうか。もし、このとき思い悩んだすえにアマゾンを断念していたとしたら、今日の極地冒険まで発展していかなかったかもしれない。その意味では、このアマゾンのイカダ下りは、その後の彼の冒険人生に一大転機を与えた意義あるものといえる。しかも、最後に「決行」に踏み切らせた一番の理由は資金的なこと、というから、なんとも通常の人間では考えられないおもしろさがあるのだ。

マッキンリーが待っている

イキトスに住んでいる日系人もペルー軍隊の駐屯所でも警察でも、アコンカグアやアフリカのケニア山に登ったときと同様に「バカな真似はよせ。これまで、イカダなんかで河口まで下った記録はないし、アマゾンの大波をかぶったらひとたまりもないだろう。やるにしても、独りでやるのは本当に危険だ。この大河を見てもわかるだろうが、途中、自分の思う所にイカダを漕ぎつけることは、まず不可能だ。せっかくここまでやって来て、命を捨てることはないぞ」と止めた。ケニアでも、耳にタコができるほど聞かされた文句である。

さらに、イキトスの博物館に行き、アマゾンに生息する魚や動物の剝製を見てゾッとした。生きた牛を数分間で骨にしてしまうという猛魚ピラニアや、同じ肉食魚のカネーロなどがわんさといる。

大波をかぶって、あるいは岩や中洲にぶつかって放り出されでもしたら、アッという間に骨だけになってしまうだろう。そのうえ、アマゾン中流域にはいまだに人の入っていない地域が残っており、過去何隊かの外国探検隊が出かけたまま消息を断ち、人食いインディオにやられたのだと原住民たちもうわさしている。

ケニア登山のときのように「行こか、もどろか」さすがの彼も、迷いに迷った。「やっぱりいまのおれの力では無理だ」とあきらめる方に気持ちが傾きかけたとき、浮かび上がってくるのはアラスカ・マッキンリーのことであった。

この時点で、彼は近い将来、世界五大陸の最高峰登頂という夢をはっきりと意識していた。すでにヨーロッパ、アフリカと二大陸を征服していた。そして、つい先日、南米最高峰のアコンカグア登頂に成功して、夢はいよいよ現実のものとなりつつあった。

マッキンリーに魅せられて、といった崇高な登山の動機からちょっとばかり離れて「三大陸を征服したのだから、次は北米大陸……」といった、言い換えれば極めて俗っぽい発想も頭のスミにあった。しかし「発想がどうであれ、あるいは動機がどうであれ〝それらの頂上に立ちたい〟という自分の気持ちを満足させることができれば、いまはそれはそれでいい」と彼は、山男としての多少の〝うしろめたさ〟を打ち消すように自分に言い聞かせた。

もとはと言えば、彼が大学卒業後、就職もせず外国に飛び出して、放浪生活、冒険生活に入ったのも、他人に対する〝劣等意識〟からではなかったのか。とうてい勝ち抜いていくだけの才能も自信もない。それなら、他人と違った世界から、自分の存在価値を誇示すればよい。それが、彼を冒険の世界へ走らせた一番大きい理由だった、ということは前にも何回か述べてきた。

自分の存在価値を認めてもらうためには、彼はまさしく〝貪欲〟そのものであった。というより彼のそれまでの冒険の根底に流れるものは、山登りの世界での、この〝自己顕示欲〟であったと思う。

話はちょっとばかり横道にそれてしまったが、山登りと違って、アマゾンのイカダ下りを前にして、もし彼がここで断念してしまっても、彼の存在価値に少しも傷がつくものではなかった。山登りでの失敗は許されないという気持ちだったが、少なくともこの時点では、アマゾンのイカダ下りは彼が描いていたレールの上から見れば確かに予定外のことであった。そして、現在、何よりも優先しなければならなかったのは、マッキンリー登頂ということであった。最後には、五大陸を征服して、自分の存在価値というものを〝人間社会〟に誇示するためにも……。

その、重大な意味を持つマッキンリーに向かういま、アマゾン河口まで下るわずか三〇ドルの船賃でも惜しかった。まだ懐には日本円にして三〇万円ほど残っていたが、河口に出てから北米までの旅費、マッキンリー登山許可料も幾らかかるのか予測がつかない。ベースキャンプまでの飛行機チャーター料、それに終わったあと日本まで帰る旅費。考えると、三〇万円は楽に超えそうな計算になる。

そのうえ、この低賃金の南米では、資金をかせぐといっても、おいそれと働き口はなかった。

まるで、アマゾン河に浮かぶ木の葉のように揺れ動く心に「決行!」の断を下させたのは「流れまかせにイカダで下ればタダになる」という、表面的に見れば極めて〝単純明快〟な理由からだったのである。

アコンカグアが終わったら……

それと、アマゾンにやって来た隠れたもうひとつの理由があった。ヨーロッパから南米に渡る移民船の中で知り合った〝アナ・マリア〟のことである。スペイン人で尼僧の彼女は、ボリビアの辺地へ宣教のために行くということであった。尼僧ばかりの三人連れだった彼女は、一番安い三等船室の食堂では、ずっと彼と同じテーブルだった。こんなことから、慣れないスペイン語で彼女と言葉を交わすようになった。小柄だったが、黒い衣からのぞく素肌は、透き通るほど白く、清潔な印象を与えた。メガネの奥のいつも微笑をたたえたような瞳はブルーに澄んでいた。何よりも昼間は船室やデッキに出て掃除したり、子供たちをあやしている姿は、母性愛に飢えていた彼の心を揺れ動かした。

あるとき、食事時間にどうしたわけか彼女の姿がなかった。同僚の尼僧に尋ねると「船酔いで、食事もできない」と言う。彼は、食事を彼女の部屋まで運んで行った。

彼女は狭い、ギクシャクした硬いベッドの上で、苦しそうに横になっていた。こんなときに悪いと思いながらも、彼は意を決して胸の想いを告白した。

「アナ・マリア、本当に神を信ずれば願いをかなえてくれるのですね」

「もちろんですとも……」

「私は、あなたにお会いしてから、心からあなたを好きになってしまいました」と彼は、彼女の手を握ろうとした。

しかし、二十七歳のアナ・マリアは、彼の手を振りほどくようにしながら「いけません。神につかえる私たちは、一人の人間を愛することは罪になるのです。すべての人を平等に愛さなくてはならないのです。つらいとき、苦しいときは私の名前を呼びなさい。神がきっと、あなたを守ってくれるでしょう」と、悲しそうに言った。メガネを外した両眼からは、涙がいっぱいあふれていた。

アフリカ・ケニア山に登る前夜、初めて愛を交歓し合った黒人娘のときもそうだったが、これから始まる初めての南米の旅を前にして「何かにすがりつきたい。心の安らぎをもたらしてくれる何かに頼りたい」という人間の持つ〝心の弱さ〟のようなものが、彼に愛の告白をさせたのかもしれない。

そういえば、ケニアの黒人娘も、母性愛にあふれた、優しい娘であった。そして、その安らぎを求める先は「男が女に、女が男に。それは自然の摂理だ」と彼は言う。

次々と大冒険をやってのける彼も、普通の人間と全然変わらない〝心の弱さ〟をかかえているのである。このときのアナ・マリアへの彼の愛の告白は現実のものと

ブラジル・サントス港でアナ・マリア一行と（写真提供　文藝春秋）

ならなかったが、彼もマリアもこれで充分に満足した気持ちにひたれた。そして、実は漠然とながら「アコンカグアが終わったら、アマゾンへ入ろう」という気持ちが起こったのは、このアナ・マリアとの出会いが一つの理由になっていたのである。

イカダの名は「アナ・マリア号」

貧しく、ささやかな下降準備が始まった。いったん決心すると、もう完全にアマゾンのとりこになってしまった。決心のつかないころは、不安や恐怖がつきまとったが、もう心は落ち着いてしまった。決心したからには、あとはもう日本を飛び出したときと同じように、彼特有の猪突猛進ぶりである。このへんが、常人にはとてもまねのできないところだろう。

どうせやるならでっかくやろうと、まだだれも下ったことがない源流から河口までということで、イキトスの町から飛行機で源流近くのペルー・アンデスのふもとの村、ユリマグアスまで逆もどり。イカダは、何回も設計や試乗をした結果、原住民たちが川の上で居住用に利用している「バルサ」と呼んでいる丸太を組み合わせたものにした。

原住民の使い古したものを、安く買いたたいて手に入れ、二人の原住民を雇って組み直しただけ。三日間で作り上げた。船室はバナナの葉が屋根代り。かかった総額は日本円にして、しめて一五円なり。それにしても、なるほどこれならタダも同然である。動力はカイの大きいやつが一個。あとは流れまかせの河旅である。

中流域にはインディオの強盗が出没するという話であった。ユリマグアスのペルー軍隊の駐屯所長は「万一に備えて、護身用の本物のピストルを持って行け」と、しつこいほど忠告してくれた。

「とんでもない。本物のピストルを一丁買うとなると、船賃の三〇ドルぐらいはいっぺんでふっ飛んでしまう。それくらいなら、命がけで、イカダでわざわざ下る意味もなくなってしまうじゃないか」と、事情を説明して頑固に断わった。仕方なく、ピッケル以外はこれといった武器を持っていない彼に、その駐屯所長はどこからかおもちゃのピストルを探し出して、わざわざ届けてくれたのだった。

食料は毎朝、河岸で開かれるバザールで、青バナナ、干し魚、オレンジ、塩、コーヒーなどを買い込んだ。これも一〇〇円も出せば、全部そろった。イカダの名前は「アナ・マリア号」と命名した。ハート型をした平たい板に、マリアのスペルを彫り込んで、船室の屋根の柱にぶら下げた。「マリアがいつも見守っていてくれる限り、きっとおれは無事に河口までたどり着けるはずだ……」

それでも、出発前はケニア山と同じように不安と興奮とで、なかなか寝つけなかった。ケニア山のときのように、隣に不安を紛らわせてくれる黒人娘もいなかった。

ピラニアの味はアジの干物のようだった

四月二十日午前八時。ユリマグアスの町が、まだ朝もやに霞んでいる中、グイとひとこぎ、支流の急な流れにイカダを乗り入れ、六〇〇〇キロの河旅が始まった。

支流は傾斜も強く、イカダは全く手の下しようもないほどすごい勢いで流れて行く。川幅も狭く、突き出した岩に激突すればそれまでだ。激突しないのが不思議なほどだった。

二日目の朝には早くも前途多難を思わせる事故が起きた。仮眠中に誤って河縁に衝突。幸いイカダは壊れなかったが、料理用からイカダの修理用まで重宝していた大型ナイフを、はずみで河の中へ落としてしまった。午後には、突然河面に一陣の

わずか15円で手に入れたイカダ「アナ・マリア号」
（写真提供　文藝春秋）

突風が巻き起こって、イカダは見る見る急流に巻き込まれて、今度は大きな流木に正面衝突。煮炊き用に使っていた大ナベと食器類は一瞬のうちに急流の中へ消えていった。洗濯や洗面用に使っていたナベが、かろうじて一個流されずにすんだが、この先は煮炊きするのも、洗面もこのナベを使うハメになった。

昼は赤道に近いだけに焼けつくような暑さ。ピラニアやカネーロのいる河では、飛び込んで体を冷やすわけにもいかず、ひたすら洗面器で濁流をくみ上げて汗を流す。夜は、蚊の大群に悩まされた。船室の入口をポンチョでしっかりとガードするのだが、どこからともなく入り込んできて、おちおち眠ることもできず、睡眠不足が重なって、頭の中はいつもどんよりとしていた。

食料はバナナが主食。青いコチコチのものをふかしたり、焼いたりして食べた。イカダの後部を一メートルぐらい突き出し、その上に砂をまいた炊事場。燃料は流木がいくらでもあった。

河幅が広くなって、何日も〝陸地〟に寄せることができなくて、食料が底をつき出したとき、彼はついにピラニアを釣り上げて食べ出したのだ。

「原住民はピラニアだけはきらったが、釣り上げたやつを船室の屋根の上にポイッと放り上げて置くと、二日ほどで干物になってうまかった。沿岸の原住民たちは、おれがうまそうに食べているのを見て、びっくりしていたが、ちょうどアジの干物のような味がした」と言う。

その後、北極の生肉の場合もそうだったが、行く先々の、その土地の原住民すら口にしないものを平気でほおばってしまう、彼の生きるための〝貪欲さ〟というか、バイタリティーというか、これが彼の冒険を支える大きな力となっているのだ。

渦巻に巻き込まれ、放り出されないようにロープで体を縛りながら、思わず「アナ・マリア！」と絶叫したときや、夜中に忽然と近づいてきた三人のインディオと、武器代りのカイを持って、一触即発のにらみ合いを続けたこと。あるいは、河口近くになって、潮流の具合で、逆に上流へ押し流されたりしながら、それでも六月二十日午後二時過ぎ、ついに河口近くのマカパ（ブラジル）にたどり着いた。実にまる二カ月間かけての下降だった。

それにしても、わずか〝三〇ドル〟の船賃をケチったすえのこの大冒険。いくら次のマッキンリー山行のためだといっても、彼ほど〝貪欲な人間〟はいないのではなかろうか。まかり間違えば、三〇ドルをケチったおかげで、大事な命を落とすハメになったかもしれない冒険だったのだ。

この〝貪欲ぶり〟といったら、彼の胃袋を満たすだけの存在でしかなかったアマゾンのあのピラニアも、遠く及ばなかった。

南米最高峰を一五時間で

しかし、アマゾン下降前のアコンカグア登山はまったく正反対であった。単独行で、しかも粗末な装備ということで、警察や軍隊からなかなか登山許可が下りなかった。警察本部のあるメンドーサの町は、ビルが建ち並ぶ近代都市。その後、一万円の船賃を惜しんでアマゾンのイカダ下りを命がけでやる男が、この近代都市で一日の滞在費が三〇〇〇円以上もかかるというのに、惜しげもなく投入し、登山許可が下りるまで、実に一カ月間近くねばり抜いたのだった。

装備を点検されたときは、三〇人を超える軍や警察関係者の前で「穴が開いている靴下といっても、こうすれば立派な帽子にも代用できる。おれの装備は、見た目こそ粗末に見えるが、使い方一つでどんな新品にも劣らない。おれはそれだけの知恵を身につけている」と、穴が開いて、足のにおいがしみついた靴下をかぶって見せる。しかし、彼は他人から見れば吹き出しそうになるような〝ピエロ役〟を演じても、目的達成の前には、毛ほどの恥ずかしさも感じなかった。

それどころか、登山許可が容易に下りそうもないとわかると、今度はメンドーサから二〇キロ離れたアンデスの一峰、エル・プラタに駆け登ってくる。もちろん、彼の実力を判定しかねてか、なかなか登山許可を出さない軍や警察関係者に対するデモンストレーションがねらいだった。彼は、ことほどさように、目的達成のためには、労力もお金もいとわない男なのである。

こんな作戦とねばりの効果があったのか、やっと許可になったアコンカグアでも、真夜中の一二時にふもとの小屋を出発。月明りと懐中電灯の明りを頼りに、夜道をすっ飛ばした。眠くなると、げんこつで頭をたたいたり、雪で顔を冷やしながら歩き続け、出発してからわずか一五時間で山頂に立った。普通のペースなら、一週間は楽にかかるところである。アコンカグア登山史上、単独登頂も初めてだったし、一五時間というのは、もちろんかつてない驚異的な記録であった。下山してから、軍や警察、それにメンドーサ山岳会員も、しばらくは本当に登ってきたのか、信じる者はだれ一人としていなかったほどだ。

「夜道を歩き通したのも、自分の力や経歴を信じてくれなかった地元の人たちへの反発心からだった」と彼は言う。

8 エベレストの石の重さ

「ゴキブリ」の写真を埋める

時計をのぞくと、もう午前十時をとっくに回っていた。六時過ぎ、東南稜八五一三メートルの最終キャンプを出発してから、三時間後にはふたりは世界最高峰の頂に立っていた。正確には、一九七〇（昭和四十五）年五月十一日午前九時十分。彼は、パートナーの早大山岳部の先輩にあたる松浦輝夫隊員と、しっかりと抱き合って、喜びを分かち合った。もう、ここより高く、視界をさえぎるものは何もなかった。見上げてきたローツェもいまは眼下に見える。

初めて見るチベット側のロンブク氷河が、えんえんと白い帯となって流れ、その向こうにチベットの荒漠とした高原が、地平線の向こうまで続いていた。

頂上での〝儀式〟はいろいろあった。松浦隊員が日の丸、それにネパール国旗、そして日本山岳会の旗をピッケルにゆわえたところを一六ミリ・フィルムで撮った。三六〇度の大パノラマを夢中でカメラに収めた。三六枚撮りの白黒、カラーフィルム一二本が、またたく間になくなった。

それから、松浦隊員は登山中、心臓麻痺のため死亡した成田潔思隊員の写真と一緒に、生前から彼が好きだったタバコとマッチを、雪を掘り起こして埋めた。埋めながら松浦隊員は「成田、ついにやったんだぞ。おまえはおれたちと一緒に登ったんだぞ！」と叫びながら涙を流した。

植村もまた、学生時代の山岳部の同期生だった小林正尚の写真を埋めた。彼がアマゾンのイカダ下りをやっていたころ、小林は自動車事故で不慮の死を遂げた。学生時代、山岳部で苦楽をともにし、彼がここまで来れたのも、すべてにわたって彼のよきライバルとなって刺激を与えてくれた小林の存在が大きかった。「一緒に登りたかったなぁ」そう思うと、やはり涙が流れ落ちた。落ちた涙は、たちまちサングラスに凍りついた。

こうして一時間余りが、またたく間に過ぎていった。開放にしたままのトランシーバーからは、登頂成功を知った下のキャンプの仲間たちから興奮した声が、入れ替わり立ち替わり飛び込んでくる。しかし、小林の写真を雪の中に埋めた瞬間以外は、こうした頂上での〝儀式〟を落度なく進めながら、彼の心の中は意外と平静だった。「頂上に立てた」といううれしさよりも「これでアタック隊の責任を果たせた」という安堵感の方が強かった。彼自身も、そんな風に感じる自分の気持ちが不思議であった。

「この世界最高峰のエベレストの頂上に、おれはもっと違った "何か" を期待していたはずではなかったか」

「あれほどアタック隊員となって、頂上に立つことを願っていたではないか」

「この空しさは、一体なんなのか」

時間がたつにつれ、頂上に第一歩を踏みしめたときの感激も興奮も薄れていった。そして、胸の片隅からわき上がった説明しようのない虚脱感、空しさのようなものが、頂上での時の経過とともに、体全体を包んでいったのだった。

幻のアコンカグア冬期単独登頂計画

この世界最高峰の頂に立つまでの、彼の努力はすさまじかった。

南米のアマゾンのイカダ下りのあと、アラスカのマッキンリーに登るため北米に渡った。しかし「四人以下の登山は危険防止のため禁止する」という国立公園の規則で、登山許可が下りず断念しなければならなかった。代りに、アラスカ中部のランゲル山脈にあるサンフォード（四九四一メートル）に登って、後ろ髪を引かれる思いで一九六四（昭和三十九）年五月、横浜港からザック一つで飛び出してから四年半ぶりに懐かしい日本に帰ってきた。日本を出るときは移民船だったが、アマゾンからアラスカに渡る前に、カリフォルニアの農場で働いてかせいだお金で、帰りは飛行機を奮発した。

羽田空港には、学生時代の山仲間たちに混じって、新聞、テレビ関係者の顔もあった。アマゾンの快挙が、外電や日本の新聞社の特派員からすでに国内に伝わっていた。ロビーは即席の記者会見場に早変わり。

「四年半も、生活費はどうしたのか」

「なぜ、パーティーを組まずに、たった独りで登るのか」

「アマゾンでは何を食べていたのか」

記者たちのやつぎばやの質問に、恥ずかしそうに答える彼。三年前、母校明大山岳部のヒマラヤ遠征でフランスから飛び入り参加して、ゴジュンバ・カン（七六四六メートル）の頂に立ちながら「日本に帰って、登頂者のおれだけがチヤホヤされるのはいやだ」と、一緒に帰国を勧める隊と別れて、またフランスに戻ったことがあった。

しかし、記者たちの質問に恥ずかしそうに答えながらも、「おれもやっと少しは世間に認められるようになった」という充実感とうれしさがこみ上げてきた。高校時代から持ち続けてきた〝植村直己の存在〟というものを、やっと世間が認めかけてきたわけである。メモを取る記者たちのペン先を、彼はそんな充実した、そして晴れがましい気持ちで見つめていた。

十月一日、日本に帰ってきた彼には、もう次の冒険の青写真ができ上がっていた。それは、その年の二月、わずか一五時間の最短時間で登った南米の最高峰アコンカグアの、今度は厳冬期の単独登頂。もう一つは、やはりその年の四月から二カ月間かけて源流からイカダで下ったアマゾンを、モーター付きのゴムボートで河口から遡上しようというもの。

この二つの計画実現のために、まず資金づくりに奔走した。日中は、この計画に賛同して資金を提供してくれるスポンサー探しや装備の準備。といっても定職も何もない彼にとっては、その日の生活費にすら事欠く毎日だった。大学まで卒業させてもらって、いまさら田舎の実家に無心するわけにもいかない。といって、大学を出てすぐに飛び出した彼には、働きたくとも手に持つ職は何もなかった。

あるのは、ここでもその頑丈な肉体だけ。そのころ、板橋の三畳の民間アパートを借りた彼の部屋は、実に殺伐としたものだった。家具と名のつくものは小さな本棚が一個。それにお茶飲みセットと電気湯沸かしぐらい。布団の代りに、年中シュラーフが敷きっ放しにしてあった。持ち帰ったシロクマの皮がプンプンにおって、部屋全体が異様なムード。並みの人間なら一時間もいれば、気が狂いそうになる。

夜は渋谷にある乳業会社へ出かけて徹夜のアルバイト。ベルト・コンベアで運ばれてくる脱脂乳の粉末を、空き袋に入れる作業。一定量になるとホッチキスでパックするのだが、日中は出発準備で飛び回っているので、徹夜作業が続くと、ほとんど眠る暇もないくらい。つい作業中に居眠りしてしまい、袋から粉がこぼれ出ることもたびたび。

それでも、彼の四年間にわたるこれまでの冒険生活が世間に認められた証拠に、某大新聞とテレビ局がスポンサーとしてついてくれたのだった。資金面の心配もなくなり、計画書もでき上がり、あとは出発を待つだけとなった。

エベレスト山頂に通じた四〇〇〇メートルでのマラソン

ところが、そんな矢先に飛び込んできたのが、日本山岳会のエベレスト遠征の話であった

当時、日本山岳会にあって、このエベレスト遠征を中心的に押し進めていた明大山岳部の先輩大塚博美氏から、突然「第一次偵察隊のメンバーに参加して欲しい」と要請された。出発日は、一週間後というあわただしさであった。

これに参加すれば当然、南米行きの計画は中止しなければならない。すでにスポンサーもついている。しかし、この話が飛び込んできた瞬間から、彼の心は決まっていた。世界最高峰エベレストの頂に立つことは、人間だれでも持つ夢である。それに彼にとっては、これ以上の〝自己主張の場〟はなかった。

一九六九（昭和四十四）年四月、その年の春に登山禁止令を解除したばかりのヒマラヤに向かって、彼を含めた四人の第一次偵察隊は出発した。偵察の主目的だった南壁（現・南西壁）の基部まで登って、南壁ルートの可能性を見定めて帰国した。

その二カ月後の八月、第二次偵察隊にも彼は選ばれた。この偵察では、社会人山

エベレスト南壁基部で、小西政継隊員と（写真提供　文藝春秋）

岳会から選ばれた岩登りのエキスパートである小西政継氏とザイルを組んで、彼は未踏の南壁ルートを八〇〇〇メートルまで試登した。彼にとっては、初めて経験する高度だったが、世界最高峰の持つ重量感、威圧感は、ヨーロッパ・アルプス、アフリカ、南米の山々など、これまで経験してきた冒険にない新鮮な興奮を呼び起こした。

そして、この偵察が終了した後、井上治郎隊員とともに彼は、来年の本隊が来るまでの、いろいろな受け入れ準備のため越冬を命じられた。仕事の内容は、食料、装備の現地調達、シェルパの確保、アイスフォール用の丸太の調達といったもの。

しかし、彼にとってはそんな仕事は表向きのことであった。すでに、二回の偵察に参加して、彼の頂上への夢は大きくふくらんでいた。いや、エベレスト行きの話が持ち込まれた時点で「絶対自分の足で頂上に立ってやる」と、ひそかに決めていたようである。

だから、この越冬は彼にとっては絶好のチャンスだった。幸い、越冬の場所は隊から指定されていなかった。ペリチェで越冬する井上隊員と別れて、彼はクムジュンを越冬地に選んだ。四〇〇〇メートル近い高度があるクムジュンは、受け入れ準備の仕事もでき、高度に体を順応させるにも最適の場所であった。

ゴジュンバ・カン遠征で一緒に頂上に立ったペンバ・テンジンの家に居候しながら、丸太買いやシェルパを確保するためにナムチェ・バザール、ディンボチェ、クンデなどの村に出かける以外は、毎日の生活を厳しいトレーニングにあてた。

毎朝六時になると、ペンバ・テンジンの奥さんが、紅茶や地酒のチャンを運んでくる。これを合図に起き出すと、登山靴を履いてクムジュンからナムチェ・バザールの上を通り、クンデを経て帰ってくる約六キロのマラソン・コースを走るのだ。

四〇〇〇メートル近い高度と、起伏の多い山道、それに重い登山靴。ちょうど、富士山の頂上のお鉢を走っているようなもの。最初のうちは一キロも走り続けると、目まいがし、胸が圧迫されて、吐きそうになった。呼吸を止められ、心臓がノドからとび出しそうな感じ。

そのたびに「おれは、いままでできないと言われたことをやってきたではないか。アマゾンだってそうだ。アコンカグアだって一五時間で登ったじゃないか。おれがこれくらいのことで、へこたれるのはおかしい。やってできないことはないはずだ」と心の中で自問しながら、歯を食いしばってまた走り出す。

最初は一キロを連続して走るのが精いっぱいだったが、五日目には一・五キロになり、十日目には急に三キロ、そして二週間も続けるうちに全コースを完走できるようになった。

走る途中、エベレスト・ビュー・ホテルが建設中のシャンボチェの峠に出ると、クーンブ氷河の奥に黒々としたエベレストが見えた。そのたびに「おれの足で、なんとしてもあの頂に立ちたい」という気持ちが、日に日に募っていった。

チャンスは三九分の一

「チャンスは自分から作り出すものだ。チャンスは二度ない。これまでの単独山行と違って、今度の隊は全国から選ばれた精鋭の集まりだ。そしてだれもがあの頂上に立ちたいと願っている。おれが頂上に立てるチャンスは隊員数三九分の一に過ぎない。その中から、おれが登頂のチャンスをつかむには、すべての面でほかの隊員より秀でていなければならない。高度順化にしても、それからルート工作、キャンプ設営、荷上げ……。そのためには、いま日本にいる隊員以上に高度順化をこの場でやっておかねばならないし、体力も養っておかねばならない」と、毎日シャンボチェの峠からエベレストをながめながら、心にムチを入れて走り抜いた。

明大のゴジュンバ・カン遠征は、明大山岳部という、言い換えれば内輪の遠征だった。しかし、このエベレスト遠征は、日本山岳会に所属する各大学のメンバー、それに社会人山岳会からも優秀なクライマーが多く参加して、全国的な組織で進められていた。単独行を続けてきた彼にとっては、これだけの大がかりな組織の隊に入ることは初めての経験だったし、未知の世界でもあった。

「おれが山登りを始めたのも、他人に対する劣等感からスタートしたもの。そして単独行も、わずらわしい人間関係から逃れたいため。でも、このエベレストは、自分自身の存在を確かめるためにも絶好のチャンスだと思った。そのためには、下のキャンプで終わっては意味がない。登頂隊員に選ばれ、自分の足で頂上を踏まなければ、南米行きの計画を中止してまで参加した意味がなくなってしまう。だから、必死だった」と当時を振り返る。

もう一つには、すでにヨーロッパ、アフリカ、南米と三大陸の最高峰の登頂に成功し、五大陸征覇をもくろむ彼にとっては、エベレストはどうしても極めておきたい頂上だった。

もっとも、彼は恵まれ過ぎていた。第一次の偵察から選ばれ、ほかの隊員が日本で準備に追われているころ、越冬生活で高度順化も体力養成も、ばっちりできた。ひたすら、頂上に立つことだけに気持ちを集中させることができた。

その意味では、彼と同じく頂上をねらっていたほかの隊員を初めからリードできたことになる。しかし、こんな恵まれた環境を生かすも殺すも、最終的にはその本人自身の問題であることは言うまでもない。事実、第二次偵察後、彼のほか何人かの越冬希望者を募ったが、自ら願い出たメンバーはいなかったようだ。

彼は、この与えられたチャンスを、どぎついほど執劫に追い続けて、見事願いどおりに頂上を勝ちとったのだ。

ザックいっぱいの頂上の石

しかし、ここまで執念を燃やし続けた頂上だったが、いまこうして頂上に立ってみて感じる空しさ、虚脱感は、一体どういうわけだろう。なんとはなしに「やった!」という気持ちと「立たせてもらった」という感謝の気持ちはあるにはあったが、頂上はもう、あのシャンボチェの峠から仰いだときの魅力を失ってしまってい

1970年5月11日午前9時10分、エベレスト山頂をきわめる
（松浦輝夫撮影／写真提供　毎日新聞社）

た。

「みんな〝世界最高峰に登ったんだから感激しただろう〟といった。しかし高い山、垂直の壁に登ったから感激があるかというとそうではなく、どんな小さな山でも、その登る過程の中での自分の心の中にあるように思う」と彼は言う。

一つには、このエベレスト山頂は、すでに二十年も前に英国隊に登られており、新鮮味がないということもあった。

そして、もう一つは微妙な隊員間の心理的な軋轢《あつれき》もあったようである。彼自身は現在もそのことになると、いっさい口をつぐんでしまうが、これだけの大部隊になると、ヒマラヤ遠征ではつきものの、隊員間に大小の微妙なトラブルが起こるものである。

というのも、登攀隊長になった大塚氏は彼の先輩に当たる人。そんなことから「後輩を登頂隊に選んだ」という他隊員のひがみのようなものもあったようだ。第一次の偵察から始まって、常に〝恵まれた環境〟を彼が与えられたことも、一部の反感を買った。二度の南壁偵察に彼が参加しながら、本番ではなぜか登頂の可能性の高い東南稜隊に選ばれたこともあった。

彼は、ここでもこうしたトラブルの外に立って、ひたすら頂上に向かって登り続けたわけだが、敏感な彼はこんな隊員たちの複雑な心理を、肌で感じながら登った。頂上での空しさ、虚脱感は、下のキャンプにいる隊員たちの、こんな気持ちを考えての、なんともいえない寂しさにも似ていた。

すべての頂上での〝儀式〟を終えたあと、彼は酸素ボンベを外して、ザックを開けた。それから、そこらじゅうの石を拾い集めにかかった。三九人の全隊員と、日本にいる学生時代の仲間、それに両親、兄弟、これまでの冒険でお世話になったいろいろな人たち。八〇個は優に超えていた。いったい、これまでのエベレスト登頂者の中で、これほどの数の石を登頂記念に集めた人がいただろうか。

サブザックに入り切らない分は、ヤッケとオーバズボンのポケットにねじ込んだ。二本の酸素ボンベを背負った登りのときより、帰路の方がはるかに重くなった。

持ち帰った石は、ベースキャンプで名前を書いて全隊員に渡すつもりだった。これまで、下積みの役回りに耐え続けてくれた、ほかの隊員たちへの感謝の気持ちからだった。

だが、頂上から下りながら彼の胸の中は、石の重味の下で、メラメラと燃えていたのだ。

「結局、このエベレストの頂上は、おれ自身の力で登ったことにはならないのだ。頂上で感じたあの空しさは、ゴジュンバ・カンに登頂したときと同じように〝みんなから登らせてもらった〟という空しさに通じる。おれが本当に登頂者にふさわしかった、あるいは世界最高峰に立った実力者ということを証明するためには、五大陸最高峰で一つだけ残っているマッキンリーをやっつける以外にない」と決心した。

マッキンリー単独初登頂

エベレストから帰国して一カ月もしないうちに、マッキンリーに向けて飛び立った。アマゾンを下降後、このマッキンリーをねらってアラスカに渡ったが、公園法に引っ掛かって断念している。しかし「法は破るためにあるものではないか。覆すものさえ自分が持っていれば、例外として認められるはず。新しいことを試みるときには、どうしてもルールから外れなければならない」と、今度は日本山岳会の三田幸夫会長の推薦状をはじめ、新聞社、テレビ局からも推薦状を取りつけ、万一の場合の救援態勢も完全に手はずを整え、そろえられるだけの必要書類を持参した。

だがこんなことは表向きのことで、彼には充分成算があった。「ヨットで太平洋を横断した堀江謙一さんを思い出した。出入国の法律を犯しながらも、あのときアメリカのとった態度は、堀江さんが法を犯したことより、快挙をやってのけた行為をほめたたえた。そんなアメリカという国に流れるフロンティア・スピリットを突いていけば、必ず例外は認められるはず」しかも、今度は世界最高峰エベレスト登頂者という重い肩書きもある。

現地に渡ったら、すでに外電で彼のアラスカ入りが伝わっていた。だが、胸をドキドキさせて公園事務所に行った彼は、公園長にも会えず、体のいい玄関払い。応待に出た事務員は「残念ですが、規則に従って単独登山は認められません」と冷たく一言。

くじけずに二日間通い続けた。そして四十六歳のアメリカ人公園長は、ついに音を上げたように「あなたの熱意には負けました。よろしい。ちょうどいまアメリカ隊が入っているから、その隊員の一人として、私が自分の権限であなたの単独登山を認めましょう」と、フロンティア・スピリットを発揮してくれたのだ。

一九六〇（昭和三十五）年春、日本隊で初めてこのマッキンリーに登った母校明大隊は、一〇人を超える大部隊で、一カ月近い登山となった。だが、彼は四日間も吹雪で閉じ込められながらも、実動四日でマッキンリー初の単独登頂に成功したのだった。マッキンリー山頂で味わった感激は、当然のように、エベレスト山頂のときをはるかに超える深いものだった。

9 日の丸と武士道

プア・ジャパニーズ

ノドがカラカラに渇いて、呼吸をするたびにヒューヒューと音がした。手足がしびれそう。思考力というものがほとんどなくなった頭の中で、それでも〝プア・ジャパニーズ（おろかな日本人）〟と言って笑う隊員たちの顔が、チラリと浮かんでくる。

「そうだ。おれたちだけが、なぜこんな苦労をしなければならないんだ」

酸素不足で、脳みそがキリでもまれるような痛みの中で、彼はしきりに自問自答を繰返す。しかし、彼の手足はこんな迷いとは関係なく、フィックス・ザイルにすがりながら、機械のような正確さで、高度をかせいでいく。

エベレスト南壁八二三〇メートルの地点にある第六キャンプでは、ドン・ウィーランス、ドガール・ハストンの英国コンビが、下からの物資補給を首を長くして待ち構えていた。すでに、二日前からこの第六キャンプには食料はおろか、燃料も登攀用具も運び上げられてはいなかったのだ。

この二日間、彼らが口にしたものといえばオイル・サーディン（イワシの油づけ）一缶だけ。疲れ果てていた。ウィーランスはノド、ハストンは胃をやられていた。闘志の残り火はあったが、下からの補給線が断たれたいま、登攀断念という最終決断も目前に迫っていた。

この朝、八〇七六メートルの第五キャンプを出発した植村は、シェルパが途中で放り出していった食料、燃料、登攀用具、炊事用具、通信機などが入った四〇キロ近いザックを背負っていた。しかも、この隊では七五〇〇メートル以上では酸素を吸ってもよいことになっていたが、こんな状態だったから余分な酸素はなかった。すでに補給線が細くなったこの登山を成功させるためには、第六キャンプにいる英国人アタッカーのため、彼は酸素を吸わないことを決心したのだ。

後の方から、彼とともに日本代表として参加している伊藤礼造隊員（当時二四歳）も、酸素なしでヒューヒューとノドを鳴らしながら荷上げのために彼の後に続いてきた。

「なぜ、おれたち日本人だけがこんな苦しい思いをしなくちゃならないんだ」と、一度は彼ら英国人のサポート役に徹し切ろうと決心したものの、どうしてもこんな腹立たしい気持ちを押さえることができなかった。そして、若い伊藤隊員の胸の内を考えると、よけいにいら立った。

この国際エベレスト隊に参加する日本隊員は、最初は彼と、国内では屈指の岩登りのエキスパートと言われる山学同志会の小西政継氏だった。ところが、その前年のグランド・ジョラス北壁冬期登攀で、小西氏は凍傷で足指を切断、代りに彼が自ら代役として白羽の矢を立てたのが伊藤隊員だった。外国語はあまり得意でない伊藤隊員は、ほかの隊員と親しく話すことはめったになかった。いつもニコニコしながら、荷上げの仕事に没頭した。しかし、伊藤隊員は岩登り技術のエキスパートだ。彼とて、英国人の下でひたすら縁の下の力持ち的な役回りに追いやられる山登りなんて、まっぴらだろう。口にこそ出さないが、彼にはこんな伊藤隊員の心中が手に取るようにわかった。

世界一流のアルピニストに伍して

一九七一（昭和四十六）年二月、世界一二カ国から選りすぐられた国際エベレスト登山隊は、世界中のアルピニストの間に華やかな話題を蒔き散らしながらスタートした。三二人の隊員は、いずれ劣らぬ世界一流のアルピニスト。

隊長のノーマン・ディーレンファース（五十三）はアメリカ人で、一九六三年のアメリカ・エベレスト遠征で、西稜隊と東南稜隊を頂上でランデブーさせ「ヒマラヤの縦走」という例のない登山形式をやってのけた、なかなかの演出家。ドイツからはアイガー北壁のパイオニアで有名なトニー・ヒーベラー（四十二）。スイスの名ガイド、ミッシェル・ボーシェ（三十六）は、イベット夫人（三十四）とともに参加、ふたりでマッターホルン北壁に登り、イベット夫人は女性第一号となっている。

イタリア人、カルロ・マウリ（三十二）は、ヘイエルダールのあし舟「ラー二世号」が大西洋を横断したときの乗組員。もちろん山登りが本職で一流のアルピニスト。フランスの国会議員、ピエール・マゾー（四十二）は、岩登り技術では一流。そして、ドガール・ハストン（三十）とドン・ウィーランス（三十八）の英国人コンビは、その前年にアンナプルナ南壁を登って、世界的な名クライマーとして、すでにその名前は、世界のクライマーの間では確固たるものになっていた。三二隊員の国籍別は、英国が一一人と断然多く、続いて米国六、ネパール三、日本、オーストリア、ノルウェー、スイス各二、フランス、インド、イタリア、ポーランド、西独各一。英国一一人の中には、七万ドル（当時約二五〇〇万円）を提供して、主力スポンサーとなったBBC放送（英国放送）の八人、サンデー・タイムズの記者ひとりが含まれていたが、これだけのきらびやかなメンバーを集めたのは、世界登山史上でも初めてのことだった。

登山から極地探検へ

その前年、日本山岳会隊の登頂メンバーとしてエベレスト頂上に立った彼は、帰国後一カ月もしないうちに世界五大陸最高峰のなかで、ただ一つ登っていなかった北米・マッキンリーの登頂に成功。そして、その足でニューヨークを訪れ、次の冒険のため南極関係者から情報取集をしている。

マッキンリーの登頂を最後に、五大陸最高峰をすべて登り終えた彼は、ここで山登りから離れ、この先、目標を極地探検一本にしぼることを決意している。「もう山登りからは、初期のころのような新鮮な感動が得られなくなっていた。五大陸最高峰の登頂を一つの区切りとして、次は極地探検。できれば南極大陸の単独横断をやりたい」

ニューヨークでは、アメリカの南極関係者に面会を申し込んだ。もし横断をやるとなると、出発点（マクマード基地）そして極点にもアメリカ基地があって、当然協力を得なければならないし、許可を取りつける必要があったからだ。

もっとも、当時は極地生活の経験もゼロに等しかったし、犬ゾリの操作一つにしても全くの素人だったから、この関係者からは資料をもらい、事情を聞くだけで帰国した。しかし、それまで夢にしかすぎなかった南極の横断も、彼の胸の中では現実のものとして迫ってきた。よし、グリーンランドに行って、エスキモーと生活しよう。それから、南極も偵察しよう。

アフリカのキリマンジャロから始まった彼の本格的な山登りも、後半になるにつれ初めのころの、ただひたすら山にあこがれるという純粋な気持ちが、次第に薄れていった。これは彼自身の気持ちの変化というより、すでにエベレスト登頂をピークに彼の冒険行そのものが、あまりにも著名になり過ぎていた。

彼が無意識のうちに次の冒険を計画しても、どこからか〝世間の目〟が入り込んできた。そこには、彼の冒険を独占しようという商業ベース的な目もあった。彼もまた、次の冒険に乗り出すためには、これを無視することはできなかった。そのうち、一つの計画を実現させるため、あらかじめ大々的な自己PRをやって、スポンサーをつけ、いやおうなしに計画を完遂させるという、つまり、自身を初めからがんじがらめにしておいて、冒険を成功させるという戦術も自然と身につけていた。

最後に残ったマッキンリーも、ただ北米最高峰の頂に立ちたいという思いとは別に、彼の気持ちの中では「五大陸最高峰登頂」という世界でも類を見ない記録的な意味あいも含まれていたようである。もうこのころになると、彼の冒険そのものが、彼の存在を誇示するための一つの手段という感じもあった。

しかし、ニューヨークから帰国した彼の胸の中は、久し振りに燃えたぎっていた。六年前、ザック一つで横浜港を飛び出したときの、あの新鮮で、生々しい気分に似ていた。写真で見た大氷原の広漠たるシーンが、何度も何度も浮かんでは消えた。

南極への糸口を求めて

帰国してから、さっそく準備を開始した。日本の南極観測隊の関係者に会って資料の収集に奔走した。ところが、こんなとき舞い込んできたのが、この国際隊の参加話だった。しかも、隊長のディーレンファース氏からは彼と小西政継氏のふたりが、直々に指名されてきた。前年の日本山岳会隊の南壁登攀の実績が買われたのだ。

「おれにとってはこの話、願ってもないチャンスだと思った。これほど、自分の名前を世界に知らしめる機会はないと思った」と、せっかく南極への夢がふくらんでいる途中だったが、彼は二つ返事でこの国際隊に飛びついたのだった。というのも、一つにはアメリカの南極観測の実権を握っているのは国立科学財団だった。南極へ入陸するには、どうしてもこの財団の許可を取りつけなければならない。

そして、この財団はディーレンファース氏が隊長で行なった、一九六三年のアメリカ・エベレスト遠征隊のスポンサーであった。「もし、ディーレンファースの率いるこの国際隊で、おれが活躍すれば、当然財団もその実力を認めてくれ、南極への道も開けるだろう」という思いが、二つ返事で飛びついた大きな理由であった。

「そのためには、どうしてもおれが先頭に立って南壁を登らなくちゃならないんだ。おれにとっては〝正念場〟になるんだ」と、出発前から張り切っていた。

彼には自信があった。「前年の登頂をはじめエベレストには偵察を含めて三度も行っている。南壁だって、八〇〇〇メートルを越える地点まで登っている。この経験を活かせば、たとえアルプスの名クライマーがそろっている隊でも、おれは負けないはず」と。出発前、最終的に彼を日本代表として派遣することを決めた日本山岳会の松方三郎会長が「君たちは日の丸の旗を背負って行くんだ。たとえ登頂メンバーに選ばれなくとも隊に尽くして、日本人隊員として恥ずかしくない行動をとるように」と言われたが、彼の南壁征服への思いは募るばかりであった。

〝地獄の壁〟を突破して

国際隊の出発の前年（一九七〇年）の暮れ、小西政継隊員と小西隊員が所属する山学同志会のメンバー四人とともにヨーロッパ・アルプスへ出発した。周囲には内緒で、厳冬期のグランド・ジョラス北壁の第三登をねらう。同じヨーロッパ・アルプスで初登攀や直登など輝かしい記録を持つクライマーが、国際隊にはキラ星のように加わっている。岩登り専門の小西隊員と違って、大学山岳部で育ってきた彼には、それまでアクロバティックな岩登りの経験はなかったし、もちろん初登攀や第何登という記録も皆無だった。先鋭的な岩登りのエキスパート集団と国内でも評判高かった山学同志会隊に混じって、ヨーロッパ・アルプスでも屈指の難ルートを登ることは、南壁への絶好のトレーニングになるはずであった。そして、それ以上に国際隊に集まってくる他国のクライマーに負けない〝新しい勲章〟が同時につくことになるのだ。

しかし、トレーニングや新しい肩書きづくりのためにしては、厳冬期のグランド・ジョラスは厳し過ぎた。高度差一二〇〇メートルの垂直の壁は、登攀技術上からは最も難しいルートとしてランクされている。あのアイガー北壁と比べても、危険度と困難さでは比較にならないほど。そのうえ、運悪くこの年、ヨーロッパ全域は二十年ぶりの大寒波に見舞われたのだ。

氷点下四〇度、全く日の当たらない北壁はすべてが凍りつき、結び合ったザイルごと吹き飛ばされそうなほど風がたけり狂う〝地獄の世界〟だった。目をつぶるとまつげが凍りつき、開くと刺すように痛い。鼻毛もバリバリに凍った。ほんの一センチ足元が狂うと奈落の底へまっ逆さま。一瞬一瞬が、生きた心地がしなかった。

アフリカ・ケニア山のジャングル地帯の通過、アマゾンのイカダ下りで大波や野盗に遭遇したとき、マッキンリーで丸三日間も吹雪で閉じ込められたとき、たった独りで冒険を続けてきた彼には、常に危険がつきまとってきた。だが、いまこの厳冬のグランド・ジョラスで体験する恐ろしさは、これまで経験してきたものとは異質な恐ろしさだった。

危険の度合いこそ変わりなかったが、この北壁ではただの一瞬も気を抜けないという、もっと凝縮された恐ろしさだった。

十二月二十二日、各自二〇キロ以上の、体の重心を失うほどの重いザックを背負ってウォーカー稜に取り付いたあと、四日目の〝灰色のツルム〟の岩壁辺りから急変した天候は、風雪となって北壁全体を襲った。垂直な壁は、もはや引き返すことは不可能だった。登るより道はなかった。一晩中、落ちて来るスノーシャワーで寝ぐらはたちまち埋まって、しのび寄る寒気とともに、まんじりともできない夜が続く。取り付いて一週間が過ぎたとき、隊員一人が疲れて神経が鈍ってきたのか、食い延ばしていたインスタント・ラーメン、乾燥米、野菜スープ、もちなどが入った食料袋、それにコンロ、コッヘル、アイゼンまで入ったナイロン袋を落としてしまったのだ。一人分のドライ・フルーツと一六〇グラム入りのチューブのミルク一本、これが残された全食料だった。

寒さと飢えのなかで、からっぽになった胃袋に、コッヘル一杯のミルクを六人で回し飲み。手足は、とっくの昔にしびれて感覚がなくなっていた。しかし、こんななかでジリジリ高度を上げていった一行は、ついに年が明けた一月一日、太陽が降り注ぐ四二〇〇メートルのウォーカー・ピークに抜け出たのだった。

この登攀で、小西隊員は両足指全部と左手小指を凍傷で切断し、国際隊参加を断念した。他隊員の犠牲は大きかったが、幸い軽症ですんだ彼は、この地獄の壁から生きて還れたという事実が、国際隊参加への大きな自信となってつながっていった。

〝国際紛争〟起こる

だが、カトマンズを出発するとき、全隊員を前にして宣言したディーレンファース隊長の「ナショナリズムを持ち込んではいけない。フランスのマカルー隊のように全員登頂といきたいが、何国人が登るかは重要ではない。要するに国際隊が登るんだから」という言葉も、空文句にすぎなかったようである。

初めのうちこそ、みんなが自由に働いた。「きょうはおれが代ろう」と入れ代りでアイスフォールのルート工作に出かけたりした。しかし、だれもが抱いていた、自分が登りたいという欲望は、初めは国際的微笑の裏に隠れていたが、やがてキバをむき出していく。

英国人たちは、執念深く南壁を追い続けた。自国のBBC放送が大スポンサーという立場から、どうしても英国人隊員にこの未踏の壁を征服してもらいたいという願いもあった。まして、このエベレストは、マロリーの悲劇を織り込む英国隊執念の山である。一九五三年、英国隊はついに登頂に成功したが、登頂したのはニュージーランドのヒラリーとシェルパのテンジンで、まだ英国人で八八四八メートルの頂に立った者はいない。ウィーランス、ハストンの二人の英国人登攀隊員は、当然のようにそれを実現したかったろうし、BBC放送もそれを熱烈に希望したはず。

これに対し、フランスの国会議員マゾーとイタリア人マウリが激しく対立する。彼らは、オーストリア人のウォルフガング・アクストをリーダーに西稜から登り、南壁隊をサポートすることになっていた。

しかし、南壁隊に主力を傾ける英国人たちに「もっと西稜隊にシェルパを投入しなければ、東南稜ルートに変更するぞ」とおどしをかけた。つまり、マゾーもマウリも、自国の登山隊のだれよりも先に、なんとしてでも世界の頂点、エベレストの頂上に立ちたいという野望でギラギラしているのだ。この隊の主目的である南壁登攀などは、彼らにとっては眼中になかった。特にマゾーにとって、ドゴールが築いたフランスの栄光が、英国の下積みになることはプライドが許さなかった。

「もしかしたら、私が世界初の女性登頂者になれるかもしれない」という夢を抱くイベット・ボーシェ夫人は、夫ミッシェルとともに、やはり東南稜からの登頂を、美しい目を涙でいっぱいにして主張する。

　こうして隊は、英国人を中心にした〝アングロサクソン・グループ〟とフランス、イタリア、スイスなどの〝ラテン・グループ〟の二つに分かれていった。

　こんなとき、植村が一番親しくしていたインド隊員のバフグナが不可解な遭難事故で死亡した。バフグナは、植村が初めてヒマラヤの山に登ったゴジュンバ・カン遠征のとき、インドのエベレスト隊に参加しており、その時から顔見知りの仲だった。同じ年齢、同じ東洋人ということもあって、隊に対する不平不満もバフグナに対しては心置きなくぶつけられた。

　西稜隊に編入されたバフグナは、西稜隊長のアクストとルート工作に出た帰り、吹雪と寒さのなか、固定ロープを張った氷壁中で死亡した。二人はザイルで結び合っておらず、アクストはバフグナが来ないので約三〇分待ったと言う。「バフグナは見捨てられたのではないか」という疑惑が、それとなく隊内に広まっていった。

植村は、氷壁にぶら下がった親友の遺体を収容するため、南壁から駆け降りてきて、吹雪のなか一メートルの深雪をラッセルして作業を終え、その疲労凍死事件で闘志を失った隊員たちの制止を振り切って、再び南壁を登っていった。

エベレストは国連のロビーではない

彼と伊藤隊員は〝プア・ジャパニーズ〟と嘲笑し、南壁の上部キャンプにいるウィーランス、ハストンの英国人隊員への荷上げを拒否する他隊員を横目に、黙々と荷物を運び上げた。ひどいときには酸素ボンベを背負いながら、それを吸うこともできず、第五から第六キャンプの間を一日に二往復もした。くたくたになって帰ってきた第五キャンプの眠りにも酸素はなかった。

といっても、あまりに露骨に自分たちの野望をむき出しにするこの英国人コンビに対し、彼は見かねたように「南壁はローテーションを組んで、回転させてやるべきだ。あなたがた英国人だけが上に行って、あとの者が下で荷上げをすればいい、というものじゃない」と主張したこともあった。だが彼らは、忠実に彼らをサポートしてきた彼の申し出さえ、ガンとして受けつけなかった。

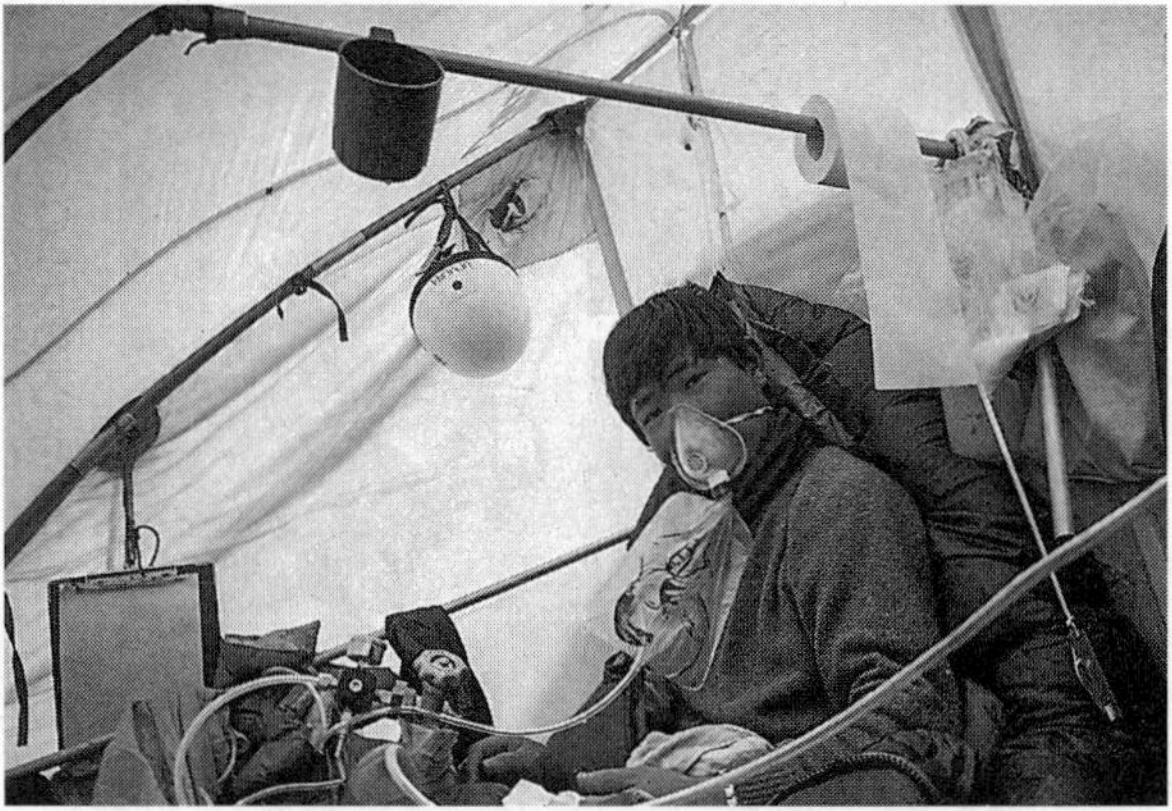

エベレスト南壁の高所キャンプで（写真提供　文藝春秋）

彼らが日本に帰ってから、国際隊でとった彼らの行為を指して〝これこそ日本の武士道〟とか〝自己犠牲の美しきスポーツマン・シップ〟と一部ではほめたたえられたが、一方では「それほどまでに卑屈になる必要はなかった」という声もあった。

しかし「ときには、自分の行動とは反対に英国人に対する反感もわき上がったが、おれたちのとった行動は決して間違ってはいなかった」と彼は振り返る。しょせんエベレストは国連のロビーではなく、人間の生と死の接点なのだ。こんななかでとった彼の無償の行為こそ、彼の痛烈な主張だったのである。そして、隊は空中分解したが、下山する彼の足取りは軽かった。この国際隊と行動をともにしたなかで、彼は自分の能力を改めて感じとった。この自信こそ、国際隊に参加した唯一の収獲だったし、その後に展開する極地冒険への意思を決定的にしたのだった。

10 極北の大自然と三畳一間

日本列島三〇〇〇キロを縦断

一九七一（昭和四十六）年春の国際エベレスト登山隊から帰国後、彼の胸の中では南極大陸横断の夢が募っていくばかりだった。エベレスト南壁は、各国から集まった隊員たちの間でチームワークに亀裂が生じ、それが原因で隊は〝空中分解〟という不名誉な汚点だけを残して失敗に終わった。

しかし、彼がこの遠征で得たものは大きかった。つまり、各国の一流アルピニストに混じっても、自分の力が決してひけをとらないという自信。むしろ、生と死のぎりぎりの限界の中で、自分の持つ能力が彼らよりはるかに優れていた、という満足感からくる自信だった。

この自信が、南極大陸横断の夢に拍車をかけた。「そうだ。もう考える必要はない。おれは、世界の超一流といわれる山男、冒険家たちに混じってあれだけやれたではないか。あとは行動あるのみだ」

そろそろ暑い夏を迎える日本に帰った彼は、東京・板橋の三畳ぽっきりの蒸風呂のような下宿で、次に起こすべき行動を考えながら、モンモンとした日々を送っていた。そして、帰国して二カ月もしないうちに、もう彼は日本列島の最北端にある宗谷岬に立っていた。この稚内から本土最南端の鹿児島まで約三〇〇〇キロを徒歩で縦断しようというのだ。

三〇〇〇キロの道のりは、ちょうど南極横断とほぼ同じ距離。「まず最初に、三〇〇〇キロという距離を実際に自分の体で感じてみなければ」という理由から。つまるところ、物事のスタートというのは、なんでもそうだが、目標がいかに大きくとも、極めて単純な発想から出発する。彼の場合は、ことにそうなのだ。当然のことかもしれないが……。だが、人間なんてつい目先の目標にとらわれ過ぎて、足元を見失いがちになるものだ。彼の偉さは、ここにある。彼の冒険のすべてが、一歩一歩の積み重ねででき上がっていったものだ。

ブルーのトレーニングシャツとズボン、運動靴。片手にタオルを、腰にセーターを巻きつける。所持品といっても、手帳とボールペン、現金は三万五〇〇〇円（一日三〇〇円の予算だが、万一に備えて）、これだけの品を腹巻きの中に詰め込んだだけ。もちろん、洗面用具なし、雨傘なし。地図も持たずの足まかせ。

八月三十日から十月二十日までの五二日間、秋の日本列島を突っ走った。毎朝五時から一二、三時間ぶっ通しで歩く。食事は朝は抜き。途中のドライブインなどでラーメンをかき込む。調子に乗っているときは、時間が惜しいので歩きながらパンと牛乳を流し込む。夜は民家、国民宿舎、安旅館、駅のベンチ、道端などに寝た。人家がなくて、一晩中歩いたことも。

岩や雪の上で思いどおりに動いてくれた足も、単調な平地の上では思うほど強くはなかった。初日、七三キロを飛ばしたら、翌日には足の裏がマメだらけ。指先で軽く触っても、飛び上がるほど痛かった。その日は一日がかりで五キロが精いっぱい。それから毎日、足首、ヒザ、腰、土踏まずと痛みは転移し、全部の指のまたにまで水ぶくれができた。足を伸ばすと骨が音を立てるような感じ。ゴールするころには、どこが痛いのか自分でもわからないくらい。これだけ体がガタガタになったのは初めての経験だった。

「なんでおれは、こんなバカなことを……」と、そんな気持ちがふと胸をかすめる。だが、そのすぐ後から南極大陸の白い氷原が脳裏にちらつく。「南極は、こんな甘いもんじゃないだろうな。あそこでは、成功、不成功など考える余裕もなく、生きることだけを考えて歩くことになるだろうな」

1971年8月30日、宗谷岬を出発し日本縦断徒歩旅行へ

（写真提供　毎日新聞社）

一日で踏破した距離は平均五八キロ弱。男がせっせと歩いて一時間で五キロがせいぜいだから、これは驚異的な数字であった。

初めて南極に足跡をしるす

この日本縦断から帰ってわずか一週間後に、今度は雑踏する羽田空港のロビーに立っていた。マメでグシャグシャになった足を引きずりながら。

頭に描いていた南極横断ルートは、アメリカのマクマード基地から極点を通ってアルゼンチンのベルグラーノ基地までというルート。そこで今回は、アルゼンチンのブエノスアイレスから同国軍隊の船に乗り込み、ベルグラーノ基地でベースキャンプを張り、一週間ほどの偵察旅行をやろうというねらいだった。

八〇キロを超える荷物の中には、山の本、写真機、フィルム、時計なども持ち込んだ。

「役人にワイロが通じるのは日本に限ったことではない。基地に入る許可や軍艦に乗せてもらうには、これが一番。偉そうなやつに、ちょいと手みやげを渡すと一発でOKになる。役人になると、すぐ家の一軒ぐらい建つ」と、長い冒険生活で得た知恵はこんなところにも役立った。その〝ワイロ用〟の時計や写真機は、民間企業からちょうだいしてきたものだ。

もし基地に入ることが許可されなかったら、以前に登った南米最高峰のアコンカグア（六九六一メートル）にもう一度登って、頂上で一〇日間ほど生活して、雲の上から盛大なデモンストレーションをかけようと本気で考えていた。「七〇〇〇メートル近い高所で、ぶっ続けに一〇日間も寝泊まりした例は世界にも例がないだろう。アルゼンチンの役人や軍人たちもびっくりするはず。そうすれば、おれの実力も認められるだろう」というわけだ。

まったく、一度食いついたら死んでも離さない〝植村哲学〟である。実際には、時計、写真機の手みやげ一発で乗船も基地に行くこともすべて許可されたが、もしここで許可が下りていなかったら、彼は七〇〇〇メートルの南米最高峰のてっぺんで、本当に長期滞在をやってのけていたかもしれない。

こうして、まるでモノにつかれたように南極に邁進する彼が次に考えたのは、極地生活というものを実際に自分の肌で体験してみるということであった。

居住地と決めたのは、地球上で人類が住む最北の集落である、グリーンランド北端のシオラパルクというエスキモー部落だった。

この極限の地で、エスキモーと一緒に生活しながら、彼らの日常生活のすみずみまで学びとろう。厳寒に対する工夫、犬ゾリの使い方、食料となるアザラシやセイウチなどの猟の仕方、それから、生肉も食べてみなければ……。

極地冒険を成功させるには、まず心身ともに極地人に〝変身〟しなければ、成功はおぼつかないだろう。

これも、いままでの冒険で培われた哲学だった。たとえば、ヒマラヤ登山においてもそうだろう。いきなり八〇〇〇メートルの高所へ登っては、人間の体なんて確実にパーになってしまう。高度順化をしながら登らなければならない。つまり、心身ともに高地人に〝変身〟させるわけである。

極北のエスキモー部落へ

南極大陸の偵察を終えたあと、一九七二(昭和四十七)年九月、目指すシオラパルク部落に第一歩を踏み入れた。もちろん、この地域に最初に入った日本人である。実のところ、過去に何人かのアメリカ人、イギリス人がこのシオラパルクに入った、という情報は知っていたが、言葉も知らない日本人がいきなり彼らの世界に飛び込んでいって、果たして受け入れてくれるかどうか心配だった。

大西洋から北極海へ抜けるスミス海峡を、全長五メートルほどの小さな焼玉船でシオラパルクへ向かった。波ひとつ立たない青黒い海。グリーンランド内陸から押し出された氷河が鋭く落ち込んだフィヨルド地帯。次々と現われるまっ白い氷山。その間をポンポンポンと頼りない音を立てながら進んで行く船の上にいると、不安は増すばかりであった。もしここでの生活が拒否されるようだと、せっかくここまで進んできた南極大陸横断の夢も、断念しなければならない。

岩山から緩やかに下った海岸にシオラパルクの部落はあった。人口約六〇〇人。むき出しの岩がゴロゴロ転がっている平地には、マッチ箱のような平屋が二〇軒ほど点在しているだけだった。

船が着いて陸地に上がると、たちまち彼の前に人垣ができた。

「なんだ、こいつは」

「よその部落から来た仲間かな」

「それにしては、ちょっとばかり違うぞ」

鼻をたらした子供たちを前に、大人たちは後ろの方からいぶかしげに彼の顔をのぞき込む。どの顔も好奇心にあふれていた。まるで動物園のオリの中に入れられているような感じ。

子供たちはともかく、大人たちは視線が合うとパッと目をそむける。彼はしきりに笑って、友好の情を見せようとするのだが、顔の筋肉が自然に引きつってしまい、思うようにいかない。

こんなとき、ふと思い浮かべたのは、二年前の最初の南極偵察に入る前、ペルーとボリビア国境にあるチチカカ湖という湖のアシの浮き島に渡って、そこに住んでいるウロス族の村を訪れたときのことだ。

初めて入ってきた異国人に、敵対心を見せて寄りつかない子供たちの前でなわ跳び、空中転回などをして興味を持たせ、まず子供たちから仲間に引きずり込んで、やっと大人たちに受け入れられたことがあった。

流氷の打ち上げられている海辺で、さっそく両手をついて横転回をやってみた。子供たちが、珍しそうに近づいてくる。そのうちに、奇声を上げながら自分たちもマネを始める。できない子供には、手足を持って教えてやる。やがて、家に戻りかけた大人たちが、再び戻ってきた。「この奇妙な異国人、いったい何をするのか」といった表情で見つめるのだ。

地上転回。うまくいくと「ワーッ」と歓声が上がる。次は、手をつかないで空中転回。わざとしりもちをついて失敗すると、大爆笑だ。こうなったらしめたもの。今度は馬跳び。あたかも小学校の体操の先生になったように……。

そのうち、後ろの方で見ていたひとりの老人が「私の家へ来い」というように首を振って合図する。この瞬間、彼のシオラパルクでの生活が保証されたわけだ。

涙を流しながら生肉を食う

手を引っ張って家の中へ入れられた。においをプンプンさせている肉をコブシ大に切り取ったかと思うと「ママトト（とてもおいしいぞ）」と彼の手のひらに乗せる。まるで残飯の中から取り出してきた感じで、口へ持っていくと強烈ににおう。

だが、好意で勧めてくれるのにここで食べなければ、彼らはきっと機嫌を悪くするだろう。このひとときに、すべての勝負がかかっているのだ。集まってきた部落の大人たちが見守る中、目をつぶって飲み込む。ノドを通るが早いか胃の中がでんぐり返った感じになって、逆流し始める。あわてて口をふさいで止める。涙がにじむ。だが、次の瞬間彼は笑顔をつくり、首を振ってうまいというゼスチュアをしてみせた。大人たちはこんな彼を見て、いかにも満足そうな表情をしたものだった。

その後一〇カ月間にわたるシオラパルクでの生活中は、村長格のイヌートソア(六十八)とナトック(六十五)夫妻が、彼の親代りとなって面倒を見てくれた。彼がシオラパルクに別れを告げる日、夫妻は涙を流しながら引き止めたほどだった。

一〇カ月間の極地生活で彼は、この極地で生き抜くためのさまざまなことを彼らから学んだ。どうしてもマスターしておかねばならなかった犬ゾリも、当然のように最初はムチ一つ使いこなせなかった。八メートルの長いムチを力まかせに振ると犬に当たらないで、そのまま顔にシッペ返し。目から火花が散った。

エスキモー犬たちは、ムチが正確に当たらないと知ると、何を言っても知らん顔だ。そのうち、ムチを右側に振ると左側へと、まるで小バカにしたように反対方向に進むのだった。

それでも、シオラパルクの生活が終りころになると自由自在に扱えるまでになった。生肉も、もう日本の味をすっかり忘れてしまうほど、おいしく食べられるよう

3000キロの犬ゾリの旅（写真提供　文藝春秋）

になった。エスキモーたちが「カラスは犬のフンを食べているから汚い」というカラスまでパクついて見せ「日本人は野蛮だ」といやな顔をされるほど。

猟もかなりの腕前になった。夏が来て氷が解けると、六、七メートルのクジラが群れを成して岸辺にやって来る。どの家でも窓を開けて、これをねらい撃つ。岸から三〇メートルほどしか離れていない彼の小屋からも、ビニール張りの窓を破ってクジラ撃ち。最初のころは初めて撃つライフルだから、弾はとんでもない方向に飛んだが、慣れるにつれ二発に一発は命中するようになった。

そして、最後の仕上げに、シオラパルクから南下してウパナビックまで往復三〇〇〇キロの独り旅に挑戦したのだった。シオラパルクのエスキモーですら、これだけの距離をぶっ通しで走ったことはなかった。

「やめておくれ！　ナオミ」と涙を浮かべながら止めるイヌートソア老夫妻をなだめながら出発。

無事ウパナビックを折り返しての帰路、ソリに積んでいた食料を犬に全部食べられ、一番近い部落まで四五〇キロ、五日間を空腹のまままよったこともあったが、出発してからまる三カ月間をかけてこの旅を成功させたのだった。

大都会の悲しさ、寂しさ

こうして、当初の目標の一〇〇パーセント以上を修得して、いよいよ南極大陸横断の自信を深めて帰国した彼を待っていたのは、相も変わらず三畳一間の味けない生活だった。

それは、あの極地の大自然の中で、食べたいときに食べ、眠りたいときに眠り、自然と人間が実に巧みに調和しながら生き続ける生活とは天と地ほどの差があった。彼らには常に、自分が生きているという生気がみなぎっていた。この生気がなければ、家族ともども大自然に飲み込まれて、存在すらなくなるであろう。彼らには常に大自然という目標があった。そして、それが彼らの生きるための生気につながっていく。

大学を卒業して、もう一〇年近くになる放浪と冒険生活。他人から見れば気ままな、うらやましい生活ぶりに映るだろう。だが、おれの究極の目的は一体なんなのだろうか。南極大陸の横断にもし成功したとしても、その先何をすればいいんだろう。

「こんなことをいつまでもやっていて、どうするのかなぁ。カッコイイみたいだけど、やっていることは、しょせん遊びだし。今度の南極横断でもう最後にするつもりだが、終わった後は何をすればいいのかなぁ……。技術もないし、土方なんかも年齢的にだめだろうし。それとも働かないで、このまま〝変わったこと〟ばかりやっていくか。でも、それには、自分を捨ててしまう気がなければできないだろうしなぁ。職業は？ と聞かれるのが一番悲しい」と、当時ふともらしたことがあった。

冒険から日本に帰ってくるたびに、ふとしのび寄る悲しさ、寂しさ。しかも、この極北の部落での人間らしい生活と、彼を待っていた大都会での無味乾燥な生活が、あまりにも違い過ぎた。

それなら、なぜ一つの冒険が終わるたびに日本へ帰ってくるのか。

いっそのこと、アフリカかアンデスの山奥か、あるいはシオラパルクの部落に永久に住みついてしまえばいいではないか。そうすれば、都会での味気ない生活に苦しむ必要がなかろうに。

だが、彼にはそれに踏み切るだけの勇気がなかったように思う。その意味では、偉大な冒険家であっても、本当の放浪者ではなかった。都会に帰ったときの彼は、自分を支えてくれるよりどころを自然と求める気持ちになっていた。自分の生活に、再び生気を与えてくれるもの。こんな悩みや苦しさを、温かく受け止めてくれるものを……。

新婚半年後に生死をかけた大冒険

「おれ、結婚するかもしれんぞ」と突然彼が言い出したのは、このシオラパルクから帰国して、一カ月もたたないころだった。

当時、板橋のアパートに住んでいた彼は、食事をするために近くのトンカツ屋によく通っていた。そこで会ったのが、いまの植村夫人、公子さんだった。

実家がすぐ近くだった公子さんも、そこのトンカツ屋の女主人と友達で、よく遊びに来ていた。そんなことで、いつの間にか顔なじみになって、急速に発展していったものらしい。

それにしても、エスキモー娘か黒人娘なら話はわかるが、女性にかけては全くの〝おくて〟であった彼が、いきなり結婚話を持ち出したので、腰が抜けるほど驚いてしまった。

仲間うちでは「やつは一生結婚しないだろう」と言う者までいた。彼は、この無味乾燥な生活のよりどころとして、公子さんを選んだのだ。

そのころ、南極大陸横断の入陸許可の見通しが立たず、次の目標を北極圏一万二〇〇〇キロの犬ゾリ旅行に切り替えていた。

五月に公子さんと結婚して、その年の冬には、この計画を約二年がかりで行なうことを決めていた。新婚半年後には、この生死をかけた冒険である。普通の男性なら、なかなか結婚には踏み切れないところだろう。

冒険家とは、つまりこうした、悪く言えば利己的な面を同時に持ち合わせている。

こう書いてしまうと、公子さんがまるでイヤイヤながら結婚に引き込まれてしまったような印象を与えるが、しかし、よりどころにされてしまった公子さんは、こんな彼の甘えや弱さを、がっちりと受け止めた。

彼は、北極圏一万二〇〇〇キロの旅についても、直接公子さんに言ったのは出発直前のこと。言い出すと、せっかくまとまりかけた結婚も、ご破算になることを心配したらしいが、公子さんは「最初から知っていて一緒になりました」と語る。

もちろん公子さんの気持ちは複雑だったに違いない。結婚したばかりの自分の夫を、いきなり戦地に持っていかれるようなものだ。

この北極圏一万二〇〇〇キロの旅の間、公子さんはひそかに近くの神社にお参りし、夫の無事を祈っている。

11 白い独房の三一三日

テントの夜が恐ろしい

テントを強く揺さぶる地吹雪の音と、石油コンロの燃える音が合唱している。ランタンの明りが細々と白い内張を照らしている。

一九七五（昭和五十）年も、あと三日で終わろうとしていた。グリーンランド南部のケケッタを出発してから、ちょうど一年。氷上の犬ゾリで明け、犬ゾリで暮れる一年間。無我夢中で犬ともがいてきた。闇夜の山越え、オーロラの下の魚釣り、犬の逃走、メルビル湾の新氷に落ちたこと、犬の食料不足、ブリザードの中の一〇〇〇メートルの氷塔越え、狩りの失敗、春のクラック、犬の足の負傷……。生死の境をさまよった、さまざまなできごとが脳裏に浮かんでは消え、消えては浮かんでいった。

一日の厳しい行程を終え、あとは眠るだけ。心安らぐひととき――。もし、このときだれかがそばにいて、ランタンの明りの中でぼんやり空間を見つめる彼を見たら、そう思ったにちがいない。しかし、実際には逆であった。四方の空間からジワジワ追ってくる〝得体の知れない魔物〟と、いま彼は必死に戦っているのだった。

寂寥感？　恐怖感？　孤独感？　とにかくごっちゃになった何かが、グイグイと彼の胸を締めつけていくのだ。

文明、情報の世界から全く遮断された世界。出口があるようでない無限の広がりを持つ大氷原という〝密室〟の中に、たった独りポツンと放り出されれば、いかに不屈の闘志に燃える彼でも、やはり一個の人間であるに過ぎなかった。

夜は孤独との戦いがすべてだった、と言っていい。

白熊に出食わしたときも、銃を片手に最後にはムービーカメラを回すほどのクソ度胸を持つ彼が、一番恐れていたのは、一日の行程を終え、あとは眠るだけという、このひとときだった。昼間の行動中は、自分が生き抜いていくだけで、ほかのことは考える余裕などあるはずがなかった。

だからフッと心にすき間のできる夜が恐ろしかった。

耐え切れなくなったように彼は、ブツブツ独り言を言い始める。

「きょうの氷塔越え、厳しかったなぁ。もう、ソリを放り出したくなったよ」

「アンナ（メス犬で、チームのリーダー犬）のやつ、きょうはおれの顔色をうかがって手を抜いていやがったぞ」

「そうだ、明日から気合いを入れてやるぞ」

「ところで、いまごろ公子（夫人）のやつ、どうしてるかなぁ」

三角形のテントの壁を、ちょうど彼の話し相手のように見立て、ブツブツしゃべるのだ。だが、それも長くは続かなかった。相手の言葉が返ってくる代りに、彼の吐いた白い息がたちまち内張に氷となり、それがコンロの熱気で融けポタリポタリと流れ落ちた。あまりにもむなしい光景に、太いため息をついて、独り言は中断した。

それから日記を取り出す。いま、彼の心を慰めてくれるものがあるとすれば、この表紙の頑丈な、ぶ厚い大学ノートの日記しかなかった。正直に心情をつづっていくうちに、自然となごんできた。

一年半の旅で、大学ノートで二〇冊を超える量になった。

旅を終えたあと、孤独について問われたとき「別に寂しくはなかったよ。初めのうちは、暗夜のオーロラなど気味が悪かったが、幻覚にうなされたこともなかったし、もちろん女房のことなんか一度も考えたこともない」と言った。

しかし、テレ屋で一徹で、弱味を見せることが絶対きらいな彼のことだから、本心をしゃべるはずがない。発言内容を逆に解釈してみると「寂しかった」「苦しいときは女房の顔が浮かんだ」となる。これが本音だろう。北極での孤独の世界なんて、我々には想像もつかないところだが、孤独と必死に戦う彼の姿は、我々と変わるところがない弱々しさだった。

それは、まさしく〝白い独房〟に違いなかった。

「ああ、おれは死んでしまう」

たとえがちょっとばかり違うかもしれないが、こんな話を聞いたことがある。留置場で独房に入れられた犯罪者の話である。それまで、黙秘権を使って取り調べにもいっさい堅く口を閉ざしていた犯罪者が、独房に入れられて数日もすると、今度は逆に人恋しさのあまり、早く取り調べがないか、と願うようになるそうだ。食事の出し入れにやって来る看守にも、飛びつくようにして話し出す。何日も閉じ込められていると、しまいには〝話したい〟という願望だけが頭の中を支配して、口の方はパクパクして、言葉にならないという。

もっとも、留置場の独房に置けるエピソードは外界では想像を絶する強烈なものがあるようだが、「ひとりの人間の自由を拘束するだけで大変なことなのに、人権にもかかわる問題だし、公表はできない」（警視庁広報課）ということだ。

彼の場合は、自分から求めて孤独の世界へ突入していったわけだし、独房の犯罪者の心理状態とは、おのずから違うだろうが、しかし、外の世界から遮断され、たった独りということでは同じであろう。

彼は、この旅の間で何回、いや何百回「ああ神さま……」と祈り、その名を呼んだかわからない。

グリーンランド・メルビル湾沿いを走っていた一九七五（昭和五十）年二月中旬のこと。この旅の中でも最大のピンチを迎えた。一二頭の犬のうち一番左側を走っていた一頭が突然、バリバリッと氷の割れる音とともに海中に落ち込んだのだ。続いてその横を走っていた犬も引っ張られて、三頭、四頭……。

「ダメだ、このままではソリごと氷詰めになる！」

反対側の犬は必死で逃げようとするがソリの先端が次第に海の中へ突っ込み始めた。ソリの後ろに立っていた彼は、四つんばいになりソリから逃げた。落ちた四頭の犬は沈みかけたソリを伝ってはい上がったが、逆にソリの方がズブズブと音を立て、ついには氷の下に姿を消してしまった。

手に残ったのはムチ一本。食料用のアザラシ三頭、石油二〇リットル、石油コンロ、テント、寝袋、コーヒー、砂糖、ビスケット……全部ソリに積んだままだ。

「ああ、おれは死んでしまう。何もなくては凍死しかない」冒険はもうどうでもいい。泣いた。

そして、次に自然と口をついて出たのは「ああ、神さま助けて下さい！」こう叫んだとき、一度は沈んだソリがブクブクと浮き上がってきたのだ。

犬の集団脱走のときも「神さま助けて……」が通じたのか、二時間ほどして犬たちは彼のもとに戻ってきた。後半の旅でも、数え切れないほどのアクシデントに見舞われた。そのたびに、彼は「ああ神さま、お助け下さい！」と叫んだ。

古びた一冊のバイブル

彼は神さまを心の支えにした。二つしか持たなかった地図のうち、細かい五〇万分の一の地図をなくしたときも「こんなにだらしのないことでは、神さまが危険から救ってくれるわけがない」と、その後緊張感を強めた。

乱氷群を越えるとき左胸をソリのハンドルで強打し、ムチを振ることもできなくなり、一時は旅の中止を考えたこともあった。しかし、左胸がソリの振動でズキズキ痛むたびに「ああ、弱気になっているおれに、神さまがバチを当てているんだな」と考え、自らをいましめた。

日本に帰ったあと、彼の装備の中にほかの道具と混じって、古びた一冊の聖書があるのが目についた。グリーンランドのケケッタを出発するとき、エスキモーの老婆から「これさえ持っていれば、無事にアラスカまで行けるはず」と贈られたものだ。

「そう言われたら、なんだか捨てるわけにいかなくて……。でも、全然読まなかったよ」と笑った。

彼は神の存在を否定する無神論者ではないが、特定の〝神〟を持っているわけではない。「仏教もキリスト教も、ほとんど知らない不信心な男だよ」という、きわめて平均的な日本人である。だから、彼が祈り、叫んだ〝神さま〟は、どこにでもいる〝神さま〟だ。なんの意味もない。想像を絶する苦闘と孤独感の中で、彼は何かに頼らざるを得なかったのである。

犯罪者が留置場の中で、いつの間にか信仰心を持つようになるケースが多い、と言われているが、それはちょうど〝白い独房〟の中で〝神さま〟と叫んで何かにすがりついた彼の心理状態と共通するものがあるようだ。

スポーツ心理学で著名な太田哲男・順天堂大学教授は、こんなことを言っている。

「植村さんの場合は、本当の意味の孤独ではなかったのではないか。それはたくさんの犬がいたからです。たとえが悪いのですが、よく夫に先立たれた妻が、犬をペット代りに飼う。これなどは犬が夫代りになっているわけです。植村さんが孤独になればなるほど、犬に対する愛情が細やかになっていく。つまり、極地という追いつめられた環境の中で、植村さんと犬の間では、人間関係以上の強い愛情のきずなが結ばれていくわけです。それが、この旅を成功させた一番の理由だと思うし、植村さんは決して本当の意味の孤独ではなかった。狭い空間に閉じ込められ、宇宙に飛び出す宇宙飛行士と比べれば……」

それはともかく、彼とエスキモー犬とのさまざまな交流は、この旅において、孤独との戦いにともなうもう一つのドラマだった。

〝よき友〟エスキモー犬

ことに、彼のドッグチームの中でただ一頭、一万二〇〇〇キロの氷原を走り抜いたメス犬のアンナ（五歳、エスキモー語で〝女〟の意）との交流は、なんともほほえましい。

エスキモー犬のメスとしては大きい方だが、体重三七・六キロ、チームの中では一番のチビッ子。出発直前にグリーンランド南部のエスキモー村ヤコブスハウンで、ほかの一一頭とともにこのアンナを手に入れた。

一頭二〇ドル（約六〇〇〇円）。犬ゾリが唯一の交通手段であるグリーンランドでは、エスキモーがリーダー犬を大事にして手放さず、この一二頭はただの〝働き犬〟ばかりだった。「どれをリーダー犬にするか迷ったが、メスはアンナ一頭。オス犬が大事に取り巻いてチームを形成するだろう、と考えた。それに、見た感じがアンナが一番利口そうだった」

アンナの手綱はほかの犬より二メートル長く、常に先頭を走る。「ヤー、ヤー（行け行け）」「アイ、アイー（止まれ）」「アッチョ、アッチョ（右へ右へ）」「ホッ

北極圏1万2000キロの犬ゾリの旅（写真提供　毎日新聞社）

パ（早く走れ）」という彼の掛け声は、アンナだけに向かって飛ぶのだ。旅の初めのころは、アンナは盛んにムチの洗礼を受けた。何しろリーダー犬の役目は、アンナにとっては初めての経験。言葉がわからないのだ。しかし、そのときそのときのムチの痛みが、「ハク、ハク（左へ左へ）」「アッチョ、アッチョ」となって脳裏に刻まれていった。出発して二カ月、グリーンランド北部に着いたころには、いっぱしのリーダー犬になっていた。

鋭い氷片で足の裏を切り裂き、氷原に赤い血をにじませて走った。だが、ほかのオス犬が次々に脱落していったのに、なぜアンナだけが持ちこたえたのか。

「アンナはがまん強くて、ほとんど啼いたことがなかった。それに要領がいい。本当は気が弱いくせにリーダーの自覚があるのだろう。仲間以外の犬を見つけると、まず自分がケンカの挑発をして、あとはサッサと後ろに下がってオス犬にまかせる。腹がいっぱいのときは雪に穴を掘り、エサを〝貯蔵〟するほど利口だ。ほかの犬は、そんな知恵はなかった」と、彼はアンナの〝生きる知恵〟に驚いた。

氷点下三〇度から四〇度が続く中、何日も、一日四〇～五〇キロを走り通すと、さすがのエスキモー犬もへばってくる。「地吹雪で、すっぽり雪に埋まっている犬を起こすのはつらかったし、朝、出発前、傷ついた足を震わせ、悲しそうな顔をするのを見ると休ませてやりたくなったが、心を鬼にして、パシッとムチを鳴らすと、アンナは新しい血が通ったようにピンとなり、先頭を切って氷原を走り出すのだ」と彼。

途中、意識がもうろうとし、どちらが〝ハク〟か〝アッチョ〟か、わからなくなっても、アンナはひたすらほかの犬の先頭に立って前進した。父母から受け継いだ極地犬の意地が、アンナに脈打っているようだつた。

そして「生と死が紙一重で隣合っている極地では、まず犬に対する考え方を変えなければならないんだ。日本の犬が〝愛玩用〟なら、極地の犬は純粋な〝労働犬〟なのだ。エスキモーは、犬が少しでも反抗するとすぐ殺して食べてしまう。一度でもソリを引いたことがある犬は、ムチでたたかれ、棒で殴られているうちに、非常に人間を恐れるようになる。人間と犬のこの緊張関係を崩してはならない。これが〝極地犬〟を扱う鉄則なんだ」と彼は言う。

しかし、彼にとっては非情になったつもりでも、やはり〝白い独房〟の中でのエスキモー犬たちは、唯一の〝よき友〟であった。

グリーンランドのゴットソア部落を目指して走っているとき、一番大きなオス犬が隊から遅れがちになった。ソリの上へ引き上げてやると、ペニスがしぼまないでピンク色に大きくはれ上がり、凍りついて硬くなっていた。ペニスをブラブラ下げて走っているうちに凍傷になってしまったのだ。ソリを止めて、コンロでその部分を暖めてやると、しばらくしてペニスは小さくしぼんで、走れるようになった。そういえば、昨日あたりからアンナが発情期に入っていたのだった。

フッと、久しく忘れかけていた〝生々しいもの〟が腹の底からこみ上げてきた。こんな感情は〝自分は生きているんだ〟という実感となって、なんとも幸せな気分になる。

それからあわててテントを張り、シュラーフの中に潜り込んで、自分で慰めるのだ。もっとも、ソリを止め、テントを設営するのに時間がかかり過ぎると、せっかくの人間臭い欲望も、いつの間にか自然消滅してしまうことがあった。そんなときは、ひどく悲しかった。

一万二〇〇〇キロ、一年半の旅の間で四五頭の犬が彼のチームに雇われた。このうち三四頭が疲労凍死、六頭が途中で動けなくなり、エスキモーに引き渡されている。

鼻毛が氷の針に

孤独との戦いのほか、もう一つの戦いは、言うまでもなく氷点下五〇度という寒さだった。

一九七六年一月二十七日、カナダ北極海沿岸のほぼ中央、エスキモー村パウラトック手前のハルクロ・ポイントで、彼はこの旅中、最低温となった氷点下五一度という寒さに襲われた。

明け方近く、あまりの寒さに目が覚めた。石油コンロに火をつけようと思っても、大きな氷塊に押しつぶされた感じで身動きできない。吐く息が寝袋の内側に霜になって張りつき、体を動かすとそれが雪のようにバラバラと顔に振りかかる。やっとコンロに火がつくと、ちょうど冷蔵庫から抜け出したような気分だった。

耐寒服はエスキモーからのアドバイスで考案したもので、内張が犬の毛皮の、白熊の長靴。綿のパンツに毛糸のももひき。白熊の半ズボンと長靴の間にはキツネの毛皮をバンドのように巻く。上半身は、毛糸の下着に、とっくりセーター、その上にエベレスト登山のとき使ったナイロン製の黄色いヤッケを着て風をよけた。頭は、狼とキツネの毛でできた飛行帽型の帽子。手は毛糸の手袋の上に、カリブーの毛皮製のものを二重にしていた。

ソリが走り出すと、顔は正面にまともに向けられない。左右どちらかの手で顔半分を覆って、半身に構えて走る。吐く息がたちどころに霜になって、顔の周りのキツネの毛につく。アゴがガチガチに凍りついた感じで、ヨダレもツララになる。無防備な顔の感覚がなくなると、手袋を脱ぎ、素手を顔に当てる。しかし、三〇秒もすると手は無数の針で刺されたようになる。氷の針になった鼻毛が呼吸を困難にする。すさまじいばかりである。

ところで、北極点到達を目指す日大隊が出発前に、国立極地研究所と防衛庁技術研究本部低温実験室で、隊員の耐寒訓練と実験を行なった。

三〇平方メートルほどの実験室の気温は、常時氷点下四八度、最低五〇度まで下げ、午前十時から午後五時まで、九人の隊員が交代で入室。素肌に心電図用のコードをつけ、防寒具の中に温度計を差し込み、あらゆる方面から装備テストした。詳しい実験結果はまだ出ていないが「作ったばかりのスープがたちまち凍りつき、ラーメンも作って食べたが、凍りつくまでの時間が短いので大変だった。それに、寒さから自分の身を守るだけで精いっぱいで、正常な思考力はなくなっていたようだ」という。

彼が体験した氷点下五一度という寒さが、いかにすさまじいものであったかうかがい知れる。

一瞬よぎった後ろめたさ

〝白い独房〟といえば、そのころ東京でときどき近くの神社へ出かけて、夫の安全を祈りながらお参りを続けた公子さんもまた、独房の中にいるのと同じ気分であった。夫のこの冒険を知りながらも、気丈に結婚にゴールインした公子さんだったが、日に日に募る不安に押しつぶされそうな毎日だった。

細い体が、見る間にやせ細っていった。しかし、一九七五年六月、旅のほぼ中間点、越夏地のアンダーソン・ベイの近くの町、ケンブリッジ・ベイから、出発してから約六カ月ぶりに、東京・板橋の新居へ元気な夫の声が飛び込んできた。

ゴールが近づいてきて、ほぼ目的の最終ゴールであるアラスカ・コツビューへ

「無事ゴールイン、間違いなし」の情報が日本へ伝わって来たとき、資金スポンサーとなった新聞社、テレビ局、出版社の関係者から「ゴール地点まで行って、彼を迎えるように」という要請がしきりにあった。公子さんは、彼がそんな晴れがましいことを一番きらうのを知っていた。

しかし、最初のうちこそ断わり続けていたが、無事な夫に一日でも早く会いたい、という気持ちをどうしても抑え切ることができなかった。彼の友人たちにも告げず、ひっそりと日本を飛び立ったのだった。

一九七六年五月七日、コツビューまで一五キロに迫ったシェシャリックの、雪の解けた陸の上に最後のテントを張った。太陽が沈み白夜を前にした薄明りの中に、コツビューの町の明りが浮かび上がっていた。強行すれば、この日のうちに到着できる近さだった。

しかし、あれほど人恋しく〝白い独房〟の寂しさに悩まされてきた彼だったが、ここまで来ると、なぜかテントの中で独り言を言ったこと、涙を流しながら日記をつづったことなど、淡い思い出となってこみ上げてくるのだった。

「しょせん、おれは生まれつき独房向きなのだろうか？」

「しょせん、おれは人間の世界に住みつけないのだろうか?」

翌八日、午後零時三〇分、大勢の人々が出迎えるコツビューの町に、ついに到着した。町の人たちに混じって、公子さんの泣き笑いのような顔を見つけたとき、一瞬後ろめたい気持ちが胸をよぎった。しかし、それもほんの一瞬だった。

このとき、もう彼の頭の中には、北極点の大氷原が浮かんでいたのだ。

北極点グリーンランド単独行へ。羽田空港で
（写真提供　毎日新聞社）

12

北極点に何がある

危機中毒

この北極点到達に出発する以前に、ある新聞社の企画で、作家の野坂昭如氏と対談したことがあった。そして、ふたりの間でひとしきり話題になったのは〝危機中毒〟について。

野坂　僕は、たとえば時間的にも量的にも、とうてい書けるはずのない原稿を引き受けてしまうことが多い。その結果、締め切り時間にがんじがらめになって、ただウイスキーを片手にボーッとした一種の錯乱状態に陥る。だが、このボーッとしているひとときほど甘美な世界はない。つまり、こんな危機的状況に置かれてはじめて自分が生きているという自覚が実感となってわいてくる。だから僕は無理しても原稿を引き受けるんです。絶えず危機的状況を身近にちりばめながら辛うじて生きている。植村直己さんの場合も都会の生活と北極の生活が、どちらが理想の生活か僕は知らないが、ブリザードでテントの中に三日も四日も閉じ込められ、食糧も底をついて、いよいよ犬でも殺して食べようか、などと考えるほど、にっちもさっちもいかなくなった、つまり危機状況の中で、はじめて自分が生きているという実感を持つのではないか。あなたのこれまでの冒険は、結局この危機的状況が〝甘美な世界〟となって、それを求めて出かけて行くという繰り返しなのでは……。

もちろん、野坂氏の冒険の世界と彼の冒険の世界とは比較する次元も違うが、確かに多分に共通するところはあるようだ。都会での日常生活のすべて、あるいは家庭生活も含めて「いま現在の生活はどうでもいい。あそこだけにおれの生活が……」的な考えである。

植村　独りぼっちで、真っ暗闇の中、ブリザードに閉じ込められ、どうしようもなくなったとき、過去の生活の間をさまよったさまざまなシーンが、ほとんど時間に関係なく脳裏をよぎる。アマゾンでイカダがウズ巻きに巻き込まれて転覆しそうになったとき、ケニアでピッケルを武器代りにして、ヒョウにビクビクしながら登ったことなど、次々と浮かんでくる。その追いつめられ、一種の空白のような時間が、自分にとって最高に幸せな時間なんですねぇ。そして、またパッと現実に戻ったとき、〝この先どうしてこのピンチを切り抜けて生きていこうか〟などと考えるとイライラしてくる。結局、自分のいままでの冒険は、この空白の時間、あるいは陶酔の世界というのかなぁ、ここに踏み込みたくて、繰り返しているようなものかもしれない。結果は、やればやるだけ自分がみじめに思えてくるんです。

つまり、せっぱつまった危機的状況の中にしか自分の存在というものを自覚出来ない。彼が言うまでもなく、はたから見ても、全くみじめで、むなしい行為とも言える。やはり彼は、野坂氏の言う一種の〝危機中毒者〟なのであろうか。そして、冒険とはしょせん、みじめさが伴う行為なのかもしれない……。

下界ではカヤの外

学生時代（明大農学部、山岳部）の彼は、目立たぬ男だった。丸ぽちゃで、童顔だったから〝どんぐり〟と仲間から呼ばれた。もう一つのアダ名は〝百姓〟だった。

良く言えば彼の持つ素朴な性格から名付けられたものだった。だが、悪く言えば半分は小バカにしたような響きもこもっていた。山男の集団といえば、それぞれが強烈な個性の持ち主が多く、よく「ザイルで結ばれた友情」などと、山男のチームワークや友情の美しさが表現されたが、現実はもっとドロドロとした人間臭さが充満していた。

上級生と下級生、あるいは同期生の間で、山登りそっちのけのいがみ合い、葛藤が絶えなかった。こんな中で彼の存在は、少なくとも下界では空気のようなフンワリとした存在だった。そういったいがみ合いの中へは絶対巻き込まれることなく、というより自分から身を引くようにして避けていた。バカバカしく思ったのか、あるいはそんな人間臭い争いの中に入って勝ち抜くだけの自信がなかったのか、そのへんのところは本人にしかわからない。

しかし、一度合宿で山に入ってしまえば、下界での空気のような存在がガラリと変わって、強力な存在となっていく。絶えず第一線にあって、グイグイと仲間を引っ張っていった。下界では〝カヤの外〟だった彼も、自然を相手にしたとき、仲間は彼の力に頼り切り、自然と中心的な存在となった。

山では超人的な力を発揮した彼も、四年生になってキャプテンにならず会計、庶務担当のマネジャーとなる。「この役の方がおれには向いているんだよ」と笑った。この明大山岳部という一つの小さな社会の中でも〝現実逃避的〟な彼の姿勢が、当時から見られるのだ。

冒険旅行から帰ってくるたびに、学生時代の山仲間に対し、口ぐせのように言うのは「おれは恥ずかしい」という文句であった。「おれなんかのやっていることといえば、自分の気持ちだけを満足させればいいという、ものすごく利己的で自分本位なことだと思う。冒険自体に学術研究的な要素もない、つまり社会に対してなんの役にも立っていない。それに比べ、おまえらはそれぞれ職業を持ち、月給をもらい、妻子を養って、子孫をこしらえ、立派に社会のために役立っている」

そして「おれの冒険の始まりは、結局のところ〝自分が生きている〟ということを認めてもらうためだし、そして、自分で納得するためにはこの肉体しかなかったんだ」と言う。彼の冒険生活の根底にあるものは、悪いことばで表現するなら、こんな〝劣等意識〟からスタートしている。わずらわしい人間関係から逃れ、自分の肉体ひとつで、自由奔放になんの気がねもなく振る舞うことのできる世界だ。力さえあれば、どんなことでも可能な世界。これこそ彼にとってたった一つのよりどころで、それがエスカレートして危機感あふれる〝甘美な世界〟へと通じていく。

結婚にしてもそうだ。こんな彼が、なぜ結婚して都会に安住の地を求めたのか。しかし、このこと自体、彼にとってそう意味深いことではないような気がする。それまで一二年間にわたって生き抜いてきた緊張の世界から、フッと精神的な安らぎの場を求める気持ちになった。それが、たまたま結婚というごく一般的な形態となった。そして、公子さんと住むこの2Kのアパートは、彼にとっては一時の安らぎの場に過ぎない。公子さんにとっては悲しいことであるが、少なくともいまのところは、次の冒険に備えるエネルギーの貯蔵庫といったところだろうか。

こうして考えると、冒険とは彼の言うように自分本位で利己的で、多大な犠牲を伴うものである。

そして彼はもう、本質的にいまの文明社会に住めないのだ。

「エスキモーのような社会がうらやましい。文明から遠ざかっている人間ほど、本当に人間らしい生活を送っている。文明社会の貨幣経済など典型的な例だ。人間同士が、だまし合いの上で成り立っているみたい。食べたいときに食べ、眠りたいときに眠る。人の見ている前で女性でも平気でおしっこをする。セックス一つにしてもそうだ。世界中でこれほど大っぴらなフリーセックスの国はないだろう。十五、六歳ぐらいの女の子でも酒を飲んで、おとな顔負けの化粧でモーションをかけてくる。親がいるときでもかまわずに、異性を家に連れ込む。その結果、私生児が驚くほど多い。でも、日本のように私生児といえばすぐ白い目で見られたり、施設に放り込まれるようなことは絶対ない。必ずだれかが引き取って育てる。そして、家の親子以上の愛情が通い合う。ところが、文明社会では愛情よりお金でもって結ばれる方が先だ。人間にとって、本能のおもむくままに生きられるほど幸せなことはない」と言う。

我々の社会では当然、プライベートな面と公の面と二つの面がある。これが動物の世界になると二つが一緒になって、本能だけで行動する。彼の言うエスキモーの社会は我々の社会と違って、この二つの面がほとんど接近している。本能に従って行動する面が多いのである。彼は、こんな世界に強く憧れるのである。

「女を口説く言葉一つにしても、我々の社会では手のこんだ美辞麗句を並べ立てて、相手の顔色をうかがいながら、腹の底を互いにさぐり合う。これも一つの公の面の理性ということになる。人間がこう多くなると、ある面では理性がなければ収拾がつかなくなる心配はあるが、こんな人間社会の中では、おれのように自分を思うように主張できない人間は不幸になるだけ」と言うのである。

彼は前回の一万二〇〇〇キロの旅の中で、教え切れぬほどの回数の自慰行為をやったという。

そして「突きつめていったら、この冒険の成功の秘訣は、自慰行為だった」とまで言っている。

つまり、未知の分野で体を張って冒険を行なうとき、エスキモーのように、本能によって行動することがただ一つの生き抜く道なのだ。性欲は人間の本能である。もし彼が〝自慰行為は罪悪である〟という日本人的、文明人的感覚を少しでも胸のどこかに背負い込んでいたら、彼の旅は成功しなかったはずだ。

生肉を食べ、部落に到着したらエスキモーの男性と同じようにセックスを楽しみ、家の中のバケツに尻をつけて、人のいる前で平気でクソをたれ、狩りをし、食べたいときに食べ、眠りたいときに眠る。こうして文明人のにおいをすべて洗い落して、極地人になり切った体が、また文明社会に戻ってきてすんなり溶け込めるわけがない。

いつの間にか、日本人であって日本人でなくなっている。形の上でこそ、両方の生活のバランスが取れているように見えるけれども「いま現在の生活はどうでもいい。あそこだけに、おれの本当の生活が……」という考えが、また〝甘美な世界〟へとつながっていくのだ。

冒険人生は〝自己存在の証〟

兵庫県の但馬盆地、農家の七人兄姉の末っ子として生まれた。ヨチヨチ歩きのころから牛の背中にくくりつけられて田んぼに通う毎日。大人でも扱いにくい牛をあやつった幼年時代。悪さをした牛をしかって泣かせる。こうして幼年時代から芽生えた自然指向。

働き者の両親。自分で自分のことを〝アダ培〟と言う父藤治郎さん。そのアダ培が、養子に来た当時は畑も田んぼも少ない、ただ自作するだけの土地を、晩までコツコツ働き通して、いつの間にか村でも有数の農家に仕立て上げる。こんな両親の苦労を目のあたりにしながら、ねばりと負けじ魂を養っていく。

学校に入るころから、但馬の国から外の広い世界へ飛び出すことを考え始めた。但馬牛のように他人に利用されるばかりよりも、自分の体一つで偉くなれないものか。植村直己の名前を、存在を世間に認めさせる方法はないものか。

大学に入って山岳部へ。自然と対決するときの自分の強さを初めて肌で感じる。持って生まれた素材が、初めて体験する外の世界で次第に開花していく。

このころから芽生え始めた冒険による世界制覇の夢。足かけ一四年間にわたる現在までの冒険生活の間で、彼が描いた夢のとおりに、いまや植村直己の名前は世界的に知れわたるようになった。

「もうここまでやったら思い残すことはないだろう。いったい何歳までこんな生活を続けるんだ。もういい加減にこれから先の生活も考えたらどうだ」

僕は、一つの冒険から帰って来た彼と会うたびに、口ぐせのように、こんな風に言ってしまう。

そして考えるのだ。「あいつは、いまのような生活で本当に幸福なのかなぁ?」と。

しかし、そのたびに彼は何もいわずに笑ってごまかしてしまうのだ。

かたときも安らぎの気持ちを感じたことがないはずの公子さん。今度の北極点横断でもまた、方々の神社やお寺からお守り札を集めて、お参りをしなければならないような、せつない気持ちを味わっている。

彼の一四年間の冒険生活の結晶というものがあるとすれば、なんだったのだろうか。そして、今度の北極点到達という大冒険は、彼のこれからの将来に何をもたらすのだろうか。

「そうなぁ。北極点横断が終わったら、それから先どうするかなぁ。おれの冒険生活の一つの区切りになることは間違いないなぁ。でも、こんな生活をやめたとしても、おれには何もやれそうなものがない。世界的に名の通った冒険家のほとんどが、自分の体が動かなくなったら、冒険関係のプロダクションなどを作っている。でも、おれにはとてもそんな才覚はありそうもないよ。体力に自信が持てなくなったら、田舎に帰って百姓でもやるよ」

たとえばエベレストについても、彼は以前に言ったことがある。単独で、しかも無酸素登頂。できれば厳冬期だ。それから、南米最高峰のアコンカグア南壁の単独登攀。前に南極大陸の偵察に出かけた帰りに、この南壁を試登したことがあった。

そのときは、登攀用具もほとんど持ち合わせがなく、ザイルの代りに細引きを使用するほどだった。

ところが、南壁を四分の一ほど登りつめたあとバランスをくずして転落、危うくこの細引きにぶら下がって事なきを得た。負けず嫌いの彼にとって、これまでの冒険の中でもことさら強烈な〝敗北感〟として脳裏に焼きついているはずだ。

そして、南極大陸の横断こそ彼の夢。しかし、北極点到達という偉業の前では、南極大陸といっても影が薄い。技術的にいっても海の上の北極と違って陸の上。しかも、極点にはアメリカの大基地があり、各国の基地もいたるところに散らばって、万一のときも安全性が高い。距離的にも、北極圏一万二〇〇〇キロ、そして北極点到達、グリーンランド縦断の六〇〇〇キロと比べ、最短距離を通ればわずか二〇〇〇キロである。

しかし、南極大陸こそ彼に極地冒険への目を開かせたところである。一般人が入陸許可を取るのは困難なため、やむなく北極へ転ずることになったのだが、彼の胸の底にいまだに南極大陸横断の夢が燃えたぎっている。

おそらく、この北極点到達のあと、それらの偉大な実績をバックボーンにして、入陸許可を得るために動き出すのではないだろうか。つまるところ、この北極点到達が終わったあとも、彼の冒険生活はなおしばらくは続きそうだ、ということになる。

山登り、冒険の世界でも彼の大先輩に当たる西堀榮三郎氏は、六分儀を使った天測の権威者でもあり、彼は北極点到達に備えて、一カ月以上も西堀氏の所に通って観測の仕方を教わった。

その西堀氏は「どだい冒険なんて、返ってくるものは何もない。だが、植村君が青春の一時期、命がけで燃えたぎらせたエネルギーは、世界のだれ一人としてできなかった密度の濃さだ。それだけでも、充分過ぎるほどではないんですか。冒険とは表面に表われた記録より、中味の問題です。これから先も、僕は植村直己の生き方をずっと見守っていきたいと思っていますよ」という。

「科学者のように、人のために貢献しようという気持ちなどではない。極地犬を日本に連れ帰ったのと同じように、ただ自分の気持ちを満足させたいためのもの。それは、だれしもが持つ冒険心で、人それぞれが生きる上で、それぞれに合った形で試みている冒険と同じだと思う」と彼はその著書の中で言っている。

冒険の価値、あるいは意義などというものは他人があれこれ評価すべきものではなく、これをどう評価するかは本人自身の問題だろう。ともかく、一四年間にわたるこれまでの生死をかけた冒険生活は、彼にとって〝自己存在の証〟であった。

それにしても、冒険家とは厳しく、そして寂しいものである。

1978年4月、北極点を目指し、果てしない雪原を走る
（写真提供　毎日新聞社）

「男」はヘミングウェイのように

開高健＋植村直己

情熱という麻薬を体内に注射された男と稀代の釣り師が、「冒険」について、「釣り」について、「男」について語った三時間半。

開高健氏宅にて（一九七七年十二月二十六日）

開高　おれは、酒を飲むとド忘れするくせがあって、年々ひどくなるものですから、まずこれをおみやげにあげます。最初におみやげを渡しておかないと……（笑）。あなたはまた北極探検へ行くのでしょう。これは北海道で昔、馬がソリを引っぱって歩いていたころに鞍につけていたものです。それをまた作ったやつがいまして、この前、帯広の町で買ったのです。これをソリのどこかにくっつけておいたら、チリンチリンと、ふるさとをしのぶよすがになるでしょう。丈夫で、実用本位に作ってあるから、いいと思います。

植村　いつまでたっても、先生のふとった顔が追いかけてくるのじゃないですか（笑）。

開高　わりあい遠くまで響きます。あなたのような人に使ってもらえれば……。

植村　白熊よけに……（笑）。

開高　白熊というのは、そのくらいの音で逃げますかね。

植村　逃げないですけれども、こちらが勢力が強いということを見せつければ、向こうだってやはり逃げるわけです。犬もたくさんいますと、犬ってやつは闘争心が強いですから、いっせいに追っかけて行く。いかな白熊でも逃げます。

開高　昨年の八月の初めからアマゾンへ行ってきました。植村さんもイカダで下っていますね。ここにあるのがピラニアの標本なんですが……。

植村　これは大きなピラニアですね。

開高　これはクロピラニアというやつ。大きくなると、たっぷり成熟したクロダイぐらいになります。一番よくいるのが、ピラニア・ヴェルメーリョといって赤いやつ。五種類か六種類ぐらいあるみたいです。

植村　よく釣れましたよ。

開高　そして、うまいでしょう（笑）。

植村　身が引き締まっていて、骨が簡単にとれて……。

開高　白身で、よく締まった、旬の季節のヒラメみたいな味がするでしょう。
植村　煮ても、焼いても、何をしてもうまいですね。
開高　干してもうまいし、ぼくはよく刺身にして食いました。これを頭だけ切って、そしてジャンブー（アマゾン流域に自生する野草で、香りがいい）という草を一緒に入れまして、大なべでぐらぐら煮るのです。それを食べたら、セニョールこれよと言う……（笑）。
植村　マンジオカ（キャッサバ、またマニオク、タピオカとも言う。山芋の粉）は食べられましたか。
開高　ファリーニャ（粉という意味だが、ふつうはマンジオカの粉をさすことが多い）ね、あれはのべつ……。
植村　結構おいしかったですね。
開高　初めはバサバサして味も何もなくて。あれを食べて水を飲むと、やたらにおなかがふくれるでしょう。うんこは軽くなるし（笑）。
植村　でも、食べなれると、一日一回は口にしないと、なんだかこう腹の中が落ち着かなくて。

開高 健／1930年大阪市生まれ。大阪市立大学法文学部卒業。1954年『裸の王様』で芥川賞受賞。世界各地に釣行し、『オーパ！』をはじめ釣りをテーマとした作品も多い。1968年『輝ける闇』で毎日出版文化賞。1979年『玉、砕ける』で川端康成文学賞。1981年、「ベトナム戦記」から「南北アメリカ縦断記」に至るルポルタージュ文学で第29回菊池寛賞。1987年、『耳の物語』で日本文学大賞。1989年逝去。

開高　アマゾン河の流域の人間は、ピラニアをよく食いますね。

植村　内陸になると……。

開高　全然だめ。だから、ぼくは今度初めてブラジルへ行ったのですけれども、サンパウロでもそうだし、アマゾンでもそうですが、あそこの人たちは歯が悪いのです。首から下はターザン、首から上は六十歳のおじいさんというふうな奇々怪々なる風貌を呈しているのがいる。笑うと歯が一本しかなかったりというのがいる。なんでや？　と聞くと、ブラジルの水はカルシウムがない、それが一番の原因や、と言うのです。それなら水の中にカルシウムがないのだったら骨もぐにゃぐにゃになるはずやないか、何で歯だけがだめになって骨がしっかりしているのや、と突っ込むと、みんな黙るんだな。もう一つの説は、ブラジルで医者の一番いやらしいのは歯医者だ。こいつらは人間を馬と間違えている。歯が痛いと言うと、すぐに引っこ抜く。だから十七、八ぐらいから総入れ歯になっちゃう。白人とインディオの混血、あるいは白人と黒人の混血したすばらしい混血の美女がいますね。肌がハチミツ色をしていて、それで情熱が高まってくると、その肌からシナモンのにおいがすると言われている。それが朝になってふっと見たら、総入れ歯抜いちゃって、顔だけ梅干しばあさん（笑）。そんなグロテスクな場面にでくわしたことはないですか。

植村　それはないけども、そう言えば歯の悪い人というのは結構いましたね。

開高　結構どころじゃない。特に貧乏人地区へ行くと、ファベーラといってマッチ箱ぐらいの小屋がずらずらと並んでいますが、あの辺には、一〇〇メートルおきに歯医者です。サンパウロでもそうだと言うのです。一つのビルがあって、ワンフロアーに二軒か三軒歯医者がいる。それでみんな獣医みたいに歯を抜いているだけ。ところがアマゾン流域、これはちょっと違う。やはり筋骨たくましいし、歯もりっぱなのがいる。魚を食うからじゃないかと言うのです。

植村　それに貧しいということ。結局歯医者に行くお金がないから、そんな手数をかけるのだったら、簡単に抜いた方がいいという。一日の労働賃なんか聞きますと、ただ同然ですね。

開高　ただ同然なんですが、彼らの怠惰癖というのが筋金入りなんですね。われわれ漁師をガイドに雇わないことには手も足も出ないでしょう。それで漁師のところに行って、われわれは地球を半分回ってアマゾンの魚を釣りに来た、それであなたにガイドしていただきたい、はなはだ些少ながら三日働いてくれたならば、それもただ船に乗ってくれるだけでいいんだが、三日船に乗ってくれたら一週間分のものを差し上げる、よろしくお願いしたい……。ところが、彼らはその日その日食えたらええやないか、こういう考え方です。それに日本製のナイロンの網が非常に普及していて、これを川に張ってぶらぶら昼寝していたらとにかくナマズがかかる。タンバッキー(アマゾン流域にいる大きな魚。とても美味)がかかる。それを持って市場に行ったら、一日、二日分の小銭がかせげる。あとは寝て暮らそうというのです。それでわれわれ非常に有利な条件を出したんだけれども、しばしばニタッと笑ってそれっきり向こうへ行っちゃう。説明を聞くと、あれは小便に行ったんじゃないんだ(笑)。あれはその気がないんだ、銭でつったって働かないのだ、と言うのです。ブラジル人のインテリもこの怠惰癖をののしる。ところがおれに言わせると、銭をやっても働かないという怠惰癖というのは見事じゃないか。それはものすごく貧しいですよ。だけれども、貧しいと感ずるかどうかの問題でね。

植村　エスキモーと同じですね。はっきり言って、川っぷちに建っているような家なんていうのは、魚をとって保存しておくという考えが全然ない。必要なときに糸をチャポンとたれれば獲れるという、そういう観念があるから……。

開高　そういうことです。それでブラジルの近代化がブラジル人の怠惰のために遅れると言って、サンパウロあたりではスモッグにまみれてインテリが叫んでいるわけです。だけれども、近代化をあせったところであげくの果てに得られるものが何かということは、われわれ承知の上なんで、もういいかげんによせやと、こう言いたくなる。それでアマゾンがなつかしくて、恋しくて仕方がない。ゆうゆうたるものです。小屋には敷居がない。ハンモック一つあるきりで、家の中見回してナベが一つ、二つと山刀が一つあるきり。あとはクーヤと言ってヒョウタンの皮みたいなやつですが、これで水をくんで飲む。それでファリーニャを食って、あれで病気さえなければ、言うことはないのだな（笑）。

植村　結局ああいう人たちというのは、病気になればもう運命として死ぬものという、そういう感じがしました。

開高　そうなんです。そうらしいです。だから、あとは要するに自分に欲があるかないかだけの問題なんです。とろんと寝ころんでいる分には、川に網を張ってナマズをつかまえて、それを手漕ぎのカヌーで町に売りにいって、二、三日食えるだけの金を持ってくる。あと、病気にかかるかかからないかという問題と、夜になっても本を読みたいという欲求があるかないかとか、いろいろなことがあるけれども、それを抑えさえすれば、六時に日が暮れて、六時に夜が明けるから、大地の運行と一緒に暮らしている分には、何も言うことはない。これは国民性というより、人間性やないかしら。南方は全部そうや。縄文人なんていうのは非常に積極的なようですが、それは日本列島が温帯にあって、春夏秋冬という四つの季節が原因しているのじゃないかしら。

植村　刺激を受けるのですかね。

開高　冬働かなければならぬし、備蓄食糧を貯えなければいけない。ところがアマゾンは、年の半分は雨が降る、年の半分は乾いている。乾いているときに魚を獲って干魚にして、バナナの木が一〇本あればいい、とだれか言っていた。五本は税務署や(笑)。あとの五本は自分が食う分や、と言うのです。衣料といったら、パンツ一枚やろ。それでごろりとして、あととろっとハンモックで寝ているだけでしょう。それでええやないか。ところが、文明とか宗教とかイデオロギーとか道徳とかというのは、全部北方から来る。人類史というのはこれや。

植村　寒い方が考えるというか……。

開高　そうです。考える。脳みそが締まる。締まったら努力し出す。努力すると災疫が生まれるわけや。植村さんみたいに超極北まで行くと、また南方と同じみたいになっちゃう。

植村　ああいったところの生活を見ていて、向こうの方が何かやはり優雅な感じがします。

開高　そうです。人間がおっとりとしていて、上品ですよ。

植村　親切ですし、こちらがその気持ちになっていけば、ちゃんとその気持ちになって返ってきます。

開高　おっしゃるとおりです。人生とは何ぞやとか考えないで生きていけるということは、一番いい。存在と無とかそんなアホなことを考えなくていいわけなんです。

植村　エスキモーの方も結構気温は低くて厳しいのですけれども、われわれからすれば別世界なんですが、実際その社会に入ってしまいますと、やはり食べるということが中心になっていくでしょう。まず物がなくなれば狩りに出る。そして獲物があれば、寝たいときに寝る。食べたいときに食べる。そしてセックスしたいときにする。そういうような非常に自然なもので生きているのです。

開高　だからあなたの本を読んでいて、人間なんて本当にそうでなければならぬと思うのですがね。みんな北方のまじめ族がやり出したもので毒されていくわけやな。人間というのは、根源的にむずかしく言えば、相反併存の種族であって、何かを手に入れると何かを失う、これが鉄則のようですね。エスキモーであろうと、インディオであろうと、ガボクロ（白人とインディオの混血児のこと）であろうとかまいませんが、何かを手に入れるわけや。私が見てきたアマゾンで言うと、彼らは昔はうちわのようなレモという櫂を使っていた。そこに日本のきわめて優秀な小型エンジンが入ってきたんや。これはもうペンチ一丁でカヌーのおけつに取り付けられる。ひもを引っ張れば、ブルブル、ブルブルといって、櫂を使わなくて済む。それで速力が速くなって、かあちゃんいいぐあいだといって（笑）、川をいままで三日もかかって渡っていたのが、半日か三時間ぐらいで渡っていって万事オーケーになる。そうすると今度どうなるかというと、魚釣りを忘れるわけや。アマゾンの漁師は、昔はみんな手釣りの一本釣りだった。ところが日本製のエンジンが入ってきて、そうすると、昔は川を渡ってどこか町へ行くということになると、それは旅行だった。必ず銛と釣竿と弓矢を持って行った。ところが近ごろサンタレムかいわいの漁師も、カヌーに銛と釣竿を乗せているやつはいない。投網か張り網、それでなかったらせいぜい延縄《はえなわ》だというのです。漁師の技術をどんどん忘れていく。しかし魚はたくさん獲れる。その場はね。ところが魚がいなくなる。あれだけ広大無辺なアマゾンだけれども、魚の住み場所というのは、どんな大きな海や川であっても決まっている。それをやらずぶったくりで獲るから、どんどん少なくなる。だから失ったものと得たもののバランスは、これはだれにも計算がつかないという、人類史の悲劇や。アマゾンにも道路がついて、トラックがやって来て、日本製のエンジンを持ってくるから、便利やからね。また困ったことに、人間一度ぜいたくを覚えると、後戻りがきかなくなる。昔の貧乏や不便に戻れなくなる。

植村　ところで最近、よくまわりの人から〝植村さんは、なぜいつも独りでやるんですか?〟と聞かれるんですけど、なんて言えばいいのか……。

開高　つまり、なんで山へ登るのだと、同じ質問ばかりされるのでうっとうしくなった男が、山がそこにあるからや、と答えたけれども、これは質問するやつと答えるやつの間でコミュニケーションがあり得ないということを語っているので、しようがない。ほっとけや、というものじゃないかしら。

16J809

植村　そうですね。

開高　外人の場合、独りというのがかなり多いんですが、それはつまり十九世紀的アドベンチャーの感覚でしょう。植村さんは古典主義者なんだな（笑）。

植村　そういうことでもないですけれども、ただ、理由は何もないので、こういうふうになってしまったというのが現実でして……。

開高　なってしもうたら、もうやめられへんやろ（笑）。

植村　やめられないというのか、これしかないという……。

開高　それごらん（笑）。

植村　これをとったら何もないという、そういう気持ちになってしまいます。

開高　それで日本に帰って来て話をしたり書いたりしても、他人にちょっとは通じたという感覚が起こりますか。

植村　そういうことなんです。現実に一緒に生活した人がいないから、いろいろ何かやはり気持ちが通じないような感じで。ですから、いまのアマゾンのお話を伺いますと、なんとなしにわかるのですけれども……。

開高　これは男という動物の厄介な癖ですね。

植村　そして行動するとき、何かしようというときに理由がないような感じがあって……。

開高　理由というのは後からつけるんだよ、命拾いして帰ってきてから、後で。いいかげんだと思うときもある。言葉にたどりつくしかないときになってから編み出す、事件の後での弁解というやつだな。

植村　そしてやはりやる前に、どうしても最初に何かしたいなというものであって、それから徐々に何か動いていくような……。

開高　そうでしょうね。あなたのものを読んでいて本当に感心するのは、昔の人間がつくった言葉で「胆大小心」という言葉がありますけれども、肝っ玉は大きく、用心深くという、これを近ごろの日本人は忘れ過ぎているが、あなたは着々とそれを実現していらっしゃる。犬ゾリを走らせるときのムチの使い方、まずそれをマスターしなければいけないし、いろいろな勉強をしなければならない。食べる物にもなれなければいけない。それでエスキモー部落にぶらっと突然行って、それで一宿一飯の仁義で一カ月も二カ月も半年もそこで暮らして基礎の訓練をして、きわめて精密に計算をして、それからむちゃくちゃなことをやり出すでしょう。そこの兼ね合わせ、「胆大」と「小心」の兼ね合わせに私はつくづく感嘆しちゃって……。

植村　とんでもないですよ。

開高　アメリカ人は恐らくあなたに対して、日本人よりはもっと食い込んだ質問をすると思うのです。冒険とか探検とかそういうことに対して理解があり、伝統があるから……。

植村　質問の内容が違いますね。完全に違います。

開高　そうでしょう。もっと痛烈で、実質のあることを突いてくるんじゃないかしら。日本人はいつまでもそんなことを言っている。つまり冒険というものが、日本の知的社会の中ではまだ皮膚の一部にはなっていないのですね。

植村　みんな同じだと思うのですが、一つみんな終わったからと言ってそれで満足かと言えば、決してそうじゃないと思うんです。何か一つ必死になってやってできたものが、それで満足するかというと、必ずしもそれだけで満足できなくて、次にそれプラス・アルファのものを必ず求める。

開高　おっしゃるとおり。

植村　それをやると人生終わりというわけじゃないし……。

開高　要するに一種の麻薬注射やな。「情熱」という麻薬をあなたは体内に注射されてしまったのやね。

植村　緻密とおっしゃいますけれども、そうじゃなしに、やはりどうしてもそうせざるを得なくなる。たとえば二人でやる場合ですと、お互いに半分は助け合って、補い合ってもっと大きなものができるわけですけれども、独りの行動の場合は、全部自分でやらなくちゃならない。何か一つでもできない要素があると、やはり死んじゃうのじゃないかという、そういう不安めいたものがうんと強くあって、やはりそれでは失敗できないような感じがするのです。

開高　東京やパリやコペンハーゲンの室内での生活というのが、いまや人類史上極端にイージーになったでしょう。冷暖房完備で、横に寝そべって、暖かい部屋で、冷たいコーラを飲んで、ふくれたおなかをなでながら、北極単独探検というようなテレビを見て北極へ行ったような気になったりする。こういうむちゃくちゃな時代が来て、しかも人間そのものが原始状態と余り変わらない心と情念の状態のままに置かれている。この矛盾が年々歳々激しくなっている。それであなたみたいな人が出てきて、その間隙をときたま埋めてくれる。普通の人間は想像力が欠けているから、現実と同じぐらいに想像力で生きていったらこの世で生きていけないものだから、いいかげんにごまかしちゃう。だから、やはりあなたのような人が出てこないことには、われわれ目が覚めない。

植村　とんでもない。人のためを思ってやったことは一度もないです。

開高　そんなことは考えなくてもいいです。結果としてそうなるというだけの話でね。

植村　結果も……。

開高　結果も考えなくていいんですよ。

植村　やっているときには、二度とやるまいというようなそういう気持を持っているんですが、実際にやって無事に終わると、もうすっかり忘れちゃって、さて今度はどうするかという時になると、どうしても変な欲が出てきて、さらに……。

開高　当然そうなります。あなたは北方にも行っていらっしゃるし、南方にも行っていらっしゃるのですけれども、北方へ行きたい気持ちと南方へ行きたい気持ち、あるいは北方へ行ったときと南方へ行ったときの基本的な違いはなんでしょう。北方といっても、アイスランドの北極側が私の最北端で、そこでサケ釣りをしたくらいなんですが、こういうことを感じないですかね。私は南方専門だったけれども、アフリカ、ナイジェリア、それから中近東、砂漠は別として、東南アジア、南米、アマゾン、パンタナル（ブラジルとボリビアの国境付近にある大湿原。日本列島の一・五倍ある）、こう見ていくと、草と木がびっしりと茂っていて、湿気があって、熱っぽくて、人間がいなくても、自分の体のまわりに怪物的な生命力がぎしぎし音を立てんばかりにひしめいているという感じがして、孤独を感じたことがないんです。北方へ行きますと、アラスカの荒野でサケ釣りをする。アイスランドの北極側でサケ釣りをする。そうすると、特にアイスランドは木がない島なんですけれども、ツンドラがあるぐらいで、きわめて透明で、夜も、ぼくは夏しか行ってないから知らないが、白夜なんです。音を立てんばかりにひしめくような怪物的生命力というのは感じさせられない。そのかわり広大無辺の抽象の広がりを覚えさせられて、南方には具体がひしめいているが、北方には抽象がひしめいているという印象があるんです。あなたの行ったところはもっと北方で、ビールスさえすみつけないようなところでしょう。こういう純粋主義を味わったら、社会復帰ができないんじゃないかという気がします。

植村　そうですね。確かにそんなところが僕にはあるようです。それに、いろいろ出歩いてみまして、日本という国に何かぜいたくさというものを非常に強く感じます。言いたい放題のことを言える。

開高　ええ国や、という感じがする（笑）。

植村　日本ほど自由な国はないという、そういう感じ。

開高　余り人種偏見もないし……。

植村　ほぼ単一の民族だからかもしれません。

開高　それと、いまだに島国根性が中心に居すわっているという感じがしないですか。あなたは外から帰ってきて日本人と話をしていて、日本人の感情の中に、とめどなく外へ向かいたい、外のものをなんでも吸収したいという好奇心と同時に、一方、別に頑固な島国根性、両方が同時にあるという印象を受けないですか。

植村　そういうものを感じます。やはり物の考え方と言ったらおかしいですけれども、なんとなしにやはり日本の個性という、そういうような感じがします。たとえばエベレスト一つとりましても、確かにエベレストを日本人で初めて登らせてもらいましたけれども、こんなの——こんなのと言うと失礼な言い方ですが、何か別人間のように書き立てる。こんなのは一歩日本から出れば、ここにもいる、あそこにもいるという感じで、そんなのはあたりまえのことで、二番せんじのことを意味している。ところが日本は、人より先に何かやったといったら、日本の国の中で盛り立てて別人間にしたりするような狭さというものを感じます。

開高　おっしゃるとおり。

植村　もう一つ、エスキモーにしても、物の見方が、話の中で文明的なことを話しても一言も支持してくれない。かえって昔のものを取り出して、極端に言えばうんと誇張してでも言うと、そんなものばかり興味を持って、読む方もやはりそういうふうになってしまうのだと思いますけれども……。それは何かと言うと、結局われわれがエスキモーというイメージは何か非文明の代表であるというような、イグルーがあって、そして犬ゾリがあって、それから生肉を食べている、そういう観念から逸脱してしまうとやはりだめだ。そういうものが、われわれなりにエスキモーと日本人は違うのだという、そういうものを心のどこかに、表面にはないのですけれども、ごく自然の間に持っている、そういう感じがします。

開高　少し高い立場から見おろして共感しているという立場でしょうか。

植村　たとえば上に頭が低くて、下に対して……。ああいうのは実に日本的な感じがします。そういうことからしても、なんとなしにそういうものがありありと出ています。

開高　あなたの本を読んでいると、エスキモーがはなはだ大らかなセックスを楽しんでいて、あれはエスキモーの奥さんには嫉妬という感情はないんですか。

植村　あります、あります（笑）。日本と同じだと思う（笑）。

開高　これだけの野放図さと同時にこれだけの厳密さもあるのやで、と同じやで、ということを今度書いてください（笑）。ついわれわれは大らかな方ばかり読みたがります。日ごろ鬱屈しているから……（笑）。

植村　普段は表面には出ないのですけれども、ところが酒を飲んでくると、やはり抑えているものがとりはらわれるからでしょうか、奥さんがいない間にだれと関係を持ったということが思いっきり、容赦なく……（笑）。どこでも同じです（笑）。

開高　そこのところを今度しっかり書いてくださいよ（笑）。

植村　書く能力がないからだめなんです。

開高　北極へ行ってもあかんで、ということをひとつわれわれの頭にかっちりくさびを打ち込んでもらいたい。何かを得たら何かを失う、その鉄則を書いておいてほしいですね。頼みますよ。こんなところでもまだやきもちを焼いているのかと、女房族を反省させるぐらいに書いておいてほしいですね（笑）。

植村　それからまたおもしろいものだと思うのですが、道徳というものも、先生なんかいろいろお行きになって、特にアマゾンなんか、やはりその地に行けばその地の道徳、性道徳にしてもやはりそういうものがあって、エスキモーの土地に行けばやはりエスキモーの道徳があって、われわれの観念とは違うのだという、そういう前提を置かないといけないと思うのです。

開高　個々に見ていけば無秩序ででたらめのように見えるのだけれども、全体として見ると、まことに秩序だっているという印象を受ける。男がでたらめ八百に精液ふりまいて歩いているように見えるけれども（笑）、しかしその極限状態の中において見れば、その人間の情念だとか食欲だとか習慣だとかいろいろなものから見ていけば、総体として合計してみればこうならざるを得ないという厳密さがあるんじゃないでしょうか。

植村　自然の厳しい、ああいう状態の中で生き延びてきた、そういった中では本当に厳しいものがあります。
開高　われわれだって厳密なんですよ。自分ではでたらめやっているように見えるんだけれども、恐らく全体としてエネルギーをトータルしてみれば、プラスもなし、マイナスもなし、やはりこんなところにおさまるのじゃないかという厳密さをときたま覚えさせられるのです。
植村　やはりこちらにいれば無性に向こうに行きたくなりますし、向こうにいるとまたあの満員電車にもなんとなしに乗ってみたいとか、だれにも欲があると思うのですが、そういうもので……。
開高　だから、とどのつまり人間という動物の厄介さじゃないかしら（笑）。ところで今回の北極点、本当に御成功を祈ります。それからこんなことを言いたくないのだけれども、日本の出版社はピラニアよりすごいですから、帰ってきたらまたピラニアがワッと来ますけれども、それからのがれて、書きたいときに書きたいようにだけ書いてください（笑）。
植村　ところが、ぼくなんかペンを持つよりも、ムチを持った方がどれだけいいか（笑）。

開高　そのとおり、そのとおり。それはそのとおりなんでしょうけれども、ところがすべて人類社会というのは分配を求めるんだよ。これまた一つの鉄則。だから植村君の純粋感覚を全部ちまちまと、今月号にとか一冊の本にとか言って切り取っていくわけや。そのたびに君は夜中におしっこしながら、ああまた肝臓のあたりを削られた、というふうに感ずるわけや（笑）。

植村　僕はものすごく利己主義者だと思うんです。とにかくしゃべらなくなってしまうんです。

開高　もっと徹底的に頑固に、たとえばこういう人が来ても、女のヒステリーみたいに、〝いや〟と言って向こうを向いてしまうというふうにしないといけないですよ。おれはそれができなくて、ぐずぐずと二〇年暮らしているんだけれども（笑）。

植村　だけれども、自分がだんだん汚くなってくるのが目に見えて恥ずかしいと思います。

開高　まだお子さんはできないんですか。

植村　はい、ほしいと思っているんですけれども……。

開高　お子さんできてごらん、しんどうなってくるよ。よっぽど考えてからぶっ放さないと……(笑)。

植村　先生なんかいろいろなものをお書きになって、先生にはほかの人にないようなそういう能力がありますが、ところが私なんか何もなくて、これをとったらゼロになっちゃう。

開高　いいじゃないですか、それだけで終始すれば。

植村　ところが、現実に体があってできることで、体が動かなくなったときはゼロになってしまいます。

開高　だから結局、ヘミングウェイとかジャック・ロンドンみたいに生きるのよね。男というのは昔からそれよ。それで、〝わからないわネ、男というのは。子供くさくって……〟とか女に言われるんだけれども。さて、これはちょっといい酒のようだ。これだけ飲んでいってください。

植村　僕はアルコールは全然ダメなんですが、今夜だけは飲めそうな気がします。いただきます。

植村直己年譜（1941〜1984）

1941（昭和16）年
2月12日、兵庫県城崎郡国府村（現・豊岡市）で父藤治郎（農業）、母梅の間に7人姉弟の末っ子として生まれる。

1947（昭和22）年　6歳
4月、府中小学校入学。

1953（昭和28）年　12歳
4月、府中中学校（現・日高東中学校）入学。

1956（昭和31）年　15歳
4月、県立豊岡高校入学。

1959（昭和34）年　18歳
4月、地元の新日本運輸に就職したが、10カ月で退職。

1960（昭和35）年　19歳
4月、明治大学農学部農産製造学科に入学。同時に体育会山岳部に入部。同年5月、新人合宿として初めて北アルプス白馬岳山行、これが本格的な山登りのスタート。同年6月、北アルプスの表銀座。7、8月、立山から薬師岳、笠ヶ岳へ。10月、南アルプス北岳周辺。11月、富士山。12月、後立山連峰爺ヶ岳と、120日ほどの合宿山行を送る。その間、冬富士で初の単独登山などを遂行して鍛える。

1961（昭和36）年　20歳
3月、笠ヶ岳から槍ヶ岳。5月、白馬岳周辺。6月、涸沢定着合宿で奥又白明大ルート、滝谷ドーム中央稜など初めて本格的な岩登りに取り組む。12月、劒岳で冬山合宿。

1962（昭和37）年　21歳
3月、春山合宿で弥陀ヶ原から劔岳。5月、白馬岳周辺、鑓ヶ岳北稜などを登攀。6月、劔岳早月尾根より三ノ窓定着、チンネ中央チムニー、八ツ峰6峰Cフェースなどを登攀。7月、南アルプス全山を縦走。10月、北海道・中央高地。11月、冬富士。12月、立山中央山稜から劔岳登頂。

1963（昭和38）年　22歳
3月、山岳部サブリーダーとなる。3月、春山合宿で大日岳主稜から劔岳登頂。この合宿の後、合宿の残りの食料、燃料とテントなしの雪洞泊まりで仙人ダムから阿曾原峠を経て北仙人山に至り、仙人池から劔沢・二股に下って再びハシゴ谷乗越に登り返して真砂尾根に取り付き、真砂岳から地獄谷を目がけて下り、弥陀ヶ原を抜け千寿ヶ原に下るという単独山行を試みている。7月、南アルプス白峰南嶺縦走。10月、朝日連峰縦走。11月、富士山。12月、北仙人尾根から剱岳登頂。以上の山行で大学山岳部生活を終了する。

1964（昭和39）年　23歳

この年、外貨持ち出しの自由化で観光旅行の道が開かれた。5月2日、工事現場などのアルバイトで資金をつくり、懐に110ドル（当時で約4万円）と3500円の日本円を持って、ロサンジェルス経由南米行きの移民船で日本を飛び出す。5月14日、ロサンジェルスの外港、サンペドロ港に上陸。ロス近郊の高級ホテルでルームボーイ、皿洗い。1カ月後にはカリフォルニアの農園に潜り込み、果樹園でトラクター運転、ブドウもぎなどをする。しかし3カ月後、米国移民局の調査官に見つかって、10月、強制国外退去の形で5カ月間住み慣れたアメリカを脱出、ニューヨークから船でヨーロッパへ。10月末、ヨーロッパ・アルプスの本拠地フランス・シャモニへ。11月中旬、モン・ブラン（4810メートル）に単独で初挑戦するが、クレバス（氷河の割れ目）に落ち込み、退却。この年の暮れ、

1965（昭和40）年　24歳

1960年米国スコー・バレーの冬期オリンピック滑降優勝者ジャン・ビュアルネ氏が経営するモルジンヌのアボリア・スキー場に就職先を見つける。コースの整備、パトロールなどが主な仕事。

2月、母校明治大学のヒマラヤ、ゴジュンバ・カン遠征隊に、フランスから飛び入り参加。4月23日、第1次登頂隊失敗のあと、第2次登頂隊としてシェルパのペンバ・テンジンと頂上に立つ（ゴジュンバ・カンは西からⅠ峰、Ⅱ峰、Ⅲ峰が連なり、明大隊はⅡ峰〔現在の地図では7743メートル〕に登頂）。彼にとっては初めてのヒマラヤ遠征での快挙であった。登山後、カトマンズで仲間と別れ、インド国境を越え、インドを縦断してボンベイ（現・ムンバイ）に出、船で再びフランスに帰る。しかし、モルジンヌに帰るとすぐ長い間の肉体的、精神的な疲労が重なり、黄疸症状でレマン湖畔の病院で約1カ月間の闘病生活を送る。生まれて初めての大病、しかも無一文で、彼のこれまでの

1966（昭和41）年　25歳

冒険生活の中でも一番のドン底時期となった。7月、2年前クレバスに落ちて失敗したモン・ブランの単独登頂に成功。さらに7月24日、マッターホルン（4477メートル）をイタリア側の西稜から登頂。9月下旬、マルセイユから船でケニアのモンバサ港に向けアフリカ山行に出発。10月16日、野獣の住むジャングル地帯を通り抜けてケニア山のレナナ・ピーク（4985メートル）登頂。続いてアフリカ最高峰・キリマンジャロ（5895メートル）にも登頂。

1967（昭和42）年　26歳

4月、モン・ブラン区のアマチュア・スキー大会で136人が参加して行なわれた大回転で見事13位に入賞。その後、国際アルピニスト集会に参加。グリーンランド西海岸にも約半月間、足を踏み入れる。そして12月下旬、南米での山行のために3年間住み慣れたモルジンヌに別れを告げる。

1968（昭和43）年　27歳

1月7日、南米ブエノスアイレス港に上陸。1月19日、なかなかアコンカグア（6961メートル）登山の許可をくれない地元警察にデモンストレーションの意味もあって、アンデス山脈前衛の高峰、エル・プラタ（5968メートル）に単独登頂。そして、2月5日、ついに目指す南米最高峰・アコンカグアの登頂に成功。ふつう20日間の行動日程がそれまでのアコンカグア登山の常識だったが、わずか15時間、しかも単独で登頂して、地元の関係者を仰天させた。2月15日、処女峰（5700メートル）の登頂にも成功。母校にちなんで、明治峰（ピッコ・デ・メイジ）と名づける。4月20日、アマゾン河の源流ユリマグアスからイカダで河口まで3カ月間、約6000キロのイカダ下りを敢行する。次いでマッキンリー（現・デナリ、6194メートル）を目指しアラスカへ向かうが、登山許可が下りず、サンフォード（4949メートル）に登り、10月帰国。

1969（昭和44）年　28歳

4月、日本山岳会隊のエベレスト第1次偵察隊に参加、5月、6300メートルの南西壁基部まで登ってつぶさに観察。8月、同第2次偵察隊に参加、南西壁を8000メートル地点まで試登。そのままクムジュン村（3753メートル）で越冬する。

1970（昭和45）年　29歳

4月、日本山岳会隊エベレスト登山隊にカトマンズで合流。5月11日、松浦輝夫隊員とともに日本人として初めて世界最高峰の頂上に立つ。7月、エベレストから帰国後すぐマッキンリー登山に出発。8月26日、7日間の超スピード登山で同峰初の単独登頂に成功。これで、世界五大陸の最高峰（当時）をすべて足下に収めた。12月、翌年の春、国際隊のエベレスト南西壁登山隊に参加することが決まっていたため、そのトレーニングを兼ねて山学同志会隊のメンバーと厳冬期のグランド・ジョラス北壁登攀のため出発。

1971（昭和46）年　30歳

1月1日、10日間の苦闘の末、グランド・ジョラス北壁登攀に成功。2月、国際隊のエベレスト南壁隊に日本から伊藤礼造隊員とともに参加。8000メートルの南西壁上で酸素なしの献身的な荷上げ作業を行なうなど大活躍。帰国後の8月、稚内―鹿児島間の3000キロの日本縦断徒歩旅行を52日間でやってのける。

1972（昭和47）年　31歳

初の著書『青春を山に賭けて』（毎日新聞社）刊行。

1月、南極大陸横断の夢を描いて、南極アルゼンチン基地周辺を偵察、帰路にアコンカグア南壁を途中まで試登。9月、グリーンランドのシオラパルクに入って約1年間、エスキモーと生活しながら極地訓練。その間、グリーンランド北西海岸犬ゾリ3000キロの旅を遂行。

1974（昭和49）年　33歳

2月、母校山岳部OB会のためヒマラヤ、ダウラギリ山群北面を偵察。5月18日、野崎公子と結婚。12月、北極圏1万2000キロの単独犬ゾリの旅へ、グリーンランド西海岸のケケッタを出発。

1975（昭和50）年　34歳

『極北に駆ける』（文藝春秋）刊行

4月、スミス海峡を渡ってカナダ領へ。アンダーソン・ベイで越夏し、12月、ケンブリッジ・ベイを出発。7月、第13回歴程賞受賞。

1976（昭和51）年　35歳
5月8日、コッビューに到着。北極圏1万2000キロの旅を終える。7月、ヨーロッパ大陸最高峰・エルブルース（コーカサス山脈、5642メートル）登頂。
『北極圏一万二千キロ』（文藝春秋）刊行。

1978（昭和53）年　37歳
4月29日午後18時30分、17頭のエスキモー犬のひくオーロラ号で北極点に到達。5月12日、モーリス・ジェサップ岬を出発し、グリーンランドを縦断して、8月22日、南端のヌナタックに到達。11月、第26回菊池寛賞受賞。

1979（昭和54）年　38歳
『北極点グリーンランド単独行』（文藝春秋）刊行。
2月、イギリスのバラー・イン・スポーツ賞受賞。6月、チベットのラサを訪れる。12月、ネパール入りし厳冬期エベレスト偵察。

1980（昭和55）年　39歳
冬期エベレスト挑戦に備えての耐寒訓練を目的としたアコンカグア遠征。8月13日、松田研一、阿久津悦夫と三人で頂上に立ったが、山頂での露営は悪天候のため断念。アメリカ・オーストリアのパーティにつぐ冬季第2登。10月30

日、日本冬期エベレスト登山隊（登攀隊員6人、学術隊員5人、報道6人）の隊長として日本出発。

『冒険と人生』（聖教新聞社）『冒険』（毎日新聞社）刊行。

1981（昭和56）年 40歳

1月12日、竹中昇隊員が事故死。1月27日、松田研一、三谷統一郎とともにサウス・コルに向かうが、悪天候（強風）のためキャンプの設営ができず撤退。登頂計画を断念。

12月、テレビ・雑誌取材でアルゼンチンを訪れ、南極大陸のマランビオ基地に滞在。

1982（昭和57）年 41歳

『男にとって冒険とは何か：植村直己対談・エッセイ集』（潮出版社）刊行。

犬ゾリによる南極大陸単独横断と同大陸の最高峰ヴィンソン・マシフ（4892メートル）の登頂を目指し1月24日、南極に向かう。

『エベレストを越えて』（文藝春秋）刊行。

1983（昭和58）年 42歳

南極3000キロの犬ゾリ横断とヴィンソン・マシフの登頂は、フォークランド紛争のためアルゼンチン軍の協力が得られなくなり断念。1年間の南極での越冬生活を終え、3月16日帰国。10月、アメリカ・ミネソタ州の野外学校、ミネソタ・アウトワード・バウンド・スクールに参加するため渡米。

1984（昭和59）年　43歳

2月12日午後6時50分、北米大陸の最高峰・マッキンリーの冬期単独初登頂に成功。13日、テレビ局チャーター機と交信後、一時消息が跡絶える。16日、4900メートル地点で飛行機のパイロットが手を振る姿を目撃したと証言。しかし、この時の確認を最後に消息を絶つ。

4月19日、国民栄誉賞受賞。

没後刊行の著書

『植村直己の冒険学校』（1986年・文藝春秋）
『植村直己妻への手紙』（2002年・文春新書）
『植村直己、挑戦を語る』（2004年・文春新書）

解説

北極点・グリーンランド単独行以降の足跡を中心として

節田重節

山岳部同期の新聞記者が執筆

本書は、月刊誌「山と溪谷」の一九七七（昭和五十二）年一月号から十二月号まで、ちょうど一年間にわたって連載された「植村直己物語　どんぐり地球を駆ける」を『植村直己冒険の軌跡　どんぐり地球を駆ける』と改題、作家・開高健氏との対談や略歴などを加え、翌七十八年六月、書籍として刊行されたものをベースとしている。さらにこのたびの文庫化に当たっては、全面的な改訂作業と「解説」として北極点・グリーンランド単独行以降の冒険の軌跡を書き加えたものである。

実はこの「解説」を書いている私自身も明治大学山岳部ＯＢで、植村直己さんと本書の著者、中出水《なかでみず》勲さんの一年後輩である。一九六六（昭和四十一）年、山と溪谷社に入社、一九七四（昭和四十九）年、「山と溪谷」誌の編集長を拝命した。三十歳になったばかりの新米編集長は、全員二十代の若いスタッフとともに同誌の改革を目指していた。当時の雑誌の売りは、なんといっても強力な連載記事である。魅力的な連載物のテーマを何本か検討した中に、北極圏一万二〇〇〇キロ単独犬ゾリ旅の成功で名前を知られてきた植村さんの今日《こんにち》までを読物にしたら、という企画があった。

相手があまりに身近な存在で親しい間柄だけに、いざ仕事の対象として考えたとき、照れや気恥ずかしさもあって、かえって遠慮するものである。それでもスタッフたちに尻を押され、植村さんとの交渉が始まった。幸運なことに、彼は一九七六年五月に北極圏の旅を終えたばかりだから次の計画は決まっておらず、七七年は空白の一年となりそうだった。密着して、じっくり取材してもらうには絶好の機会である。さて、ライターは誰にしようかと思案するところだが、これは山岳部の同期で、東京・阿佐ヶ谷で植村さんと〝同棲〟していたこともある新聞記者の中出水さんしかなかろう、と考えた。

「ナカデが書くのかよぉ。あいつはいい加減で、ときどき適当に話を作っちゃうからな。それに、あいつからそんな長時間インタビューされるのは、照れくさくてかなわんな。やめようよ」と植村さん。もちろん、私としてもそういう反応をされるだろうとは織り込み済みだったが、新米でも編集長としての面子がある。ここは植村さんに負けないしつこさで粘りに粘り、やっと了解を取り付けることができた。かくして、七六年を準備期間に充て、七七年一月号から、企画立案者、取材対象者、執筆者すべてがＭＡＣ（Meiji Alpine Club）メンバーという、〝超身内企画〟の連載がスタートしたのであった。

「山と溪谷」誌は、毎月十五日が発売日である。したがって、前月末までにはすべての原稿を大日本印刷に入稿し、出張校正（印刷所でカンヅメになって校正作業をすること）を経て校了となる。ところが、案の定初回から中出水さんの原稿が届かない。空約束や時間にルーズなところなど「いい加減なナカデさん」の本領？　が発揮されてきたようだ。しかし、編集長が原稿を落としては（締切に間に合わず不掲載になること）、スタッフに示しがつかないではないか。

体育会で一年先輩は絶対的な差だが、そんなことで遠慮していては仕事にならない。中出水さんが本業を終える夕刻、大好きなビールで釣って身柄を確保、首根っこをつかまえて我が家に連れ帰り、監視付きで執筆させるという荒業を使ってなんとか間に合わせることができた。そして、このパターンが毎月常態化し、一年間続いたのである。編集者人生四十年、私もたくさんの雑誌や書籍を作ってきたが、これほどヤキモキさせられ、手こずった執筆者は初めてではなかろうか。

不思議に〝手が合った〟ふたり

中出水勲さんは一九四二(昭和十七)年、富山県の生まれ。富山県立伏木高校を卒業後、一九六〇(昭和三十五)年、明治大学政経学部に入学、同時に山岳部に入部している。同期の仲間四人とともに〝山漬け〟の四年間を送り、卒業後は日刊スポーツ新聞社に入社。運動部記者としてボクシングや相撲、ラグビー、アイスホッケーなどを担当、ときどき海外登山や遭難など山岳関係の記事も執筆していた。

特に大学三年生のときから植村さんが海外放浪に出かけるまでの二年間ほど、ふたりは阿佐ヶ谷の八畳のアパートで共同生活を送っている。生真面目で融通の利かない植村さんと、いい加減でテキトーに生きている中出水さん。性格的にはまるで真逆のふたりだったが、不思議に〝手が合った（相撲界の隠語で仲が良いこと）〟ようだ。植村さんは暇があると、外国行に備えてラジオで英会話の勉強をしていたが、中出水さんは阿佐ヶ谷の一番街（飲み屋街）で引っ掛かって、ほろ酔いで帰還することしばしば。すると「まったくお前は、いつまでそんなことやってんだ！」と怒られたという。「まるで家にカミさんがいるようだった」とは中出水さんの弁。

あるとき中出水さんが、田舎から送ってくる植村さんの仕送りを、一回だけ〝失敬〟したことがあったという。「やつが帰宅したら本棚がぐちゃぐちゃになっていたので、俺が探したんだな、とすぐ分かったようだ。何か言うだろうなと思っていたが、何も言わなかった」とか。ところが、ずっと後になって（植村さんが消息を絶ってのち）、お兄さん（長兄の修さん）が言っていたのだが、「中出に金を盗られた。でも、あいつはいいやつだ。一週間後に謝ったから許せる……」と日記に書いてあった、とのこと。

それを受けて中出水さんは、「どんぐりがいなかったら、俺は山岳部をやめていたかもしれない。彼といると気安かったし、なんでも助けてくれたし、なんでも許してもらえるだろうという甘えがあって、彼に寄り掛かっていたんだな」と述懐している（明治大学山岳部部報『炉辺《ろばた》』第9号）。

ふたりのユニークな関係を物語るエピソードではないか。

単独で北極点到達とグリーンランド縦断

雑誌連載は、植村さんが北極点・グリーンランドに出発するところで終わっているので、〝最終章〟となった冬のマッキンリーへと続く、その後の冒険の軌跡を追ってみよう。

北極圏一万二〇〇〇キロの旅を終えた後、馬鹿正直なくらい律儀な、植村さんらしい記録が残っている。同じ年の七月、ロシアとグルジアの国境をなすコーカサス山脈のエルブルース（五六四二メートル）に登っているのだ。植村さんはマッキンリーを登って「五大陸最高峰登頂」としているが、モン・ブランは「ヨーロッパ・アルプスの最高峰」ではあるが、「ヨーロッパ大陸の最高峰」ではない。地理的にはコーカサス山脈がヨーロッパ大陸とアジア大陸の境界とされるので、ヨーロッパ大陸の最高峰は、このエルブルースということになる。マッキンリーから六年後、植村さんは改めてその最高峰に足跡を印し、安堵したのであろう。

そして、前述したように一九七七年は動きがなく、カナダ領北極圏のコーンウォリス島にあるレゾリュートに行き、北極行のための偵察をしている。

一九七八（昭和五十三）年、三十七歳になった植村さんは三月五日、カナダ領北極圏に位置するエルズミア島のアラートに設けたオーロラ・ベースから飛行機でコロンビア岬に飛び、いよいよ世界初の犬ゾリによる単独北極点到達を目指して、十七頭のハスキー犬にひかせたソリ「オーロラ号」を旅の道連れに出発する。途中、白熊に襲われたり、大乱氷帯と格闘したり、開水面に胆を冷やしたり、それでもハスキー犬の出産に感激したりしながら四月二十九日、ついに地球の頂点、北極点に立つ。ただ、同時期に北極点を目指していた日大隊が三日前に到達しており、「日本人初」とはならなかった。著書には「やっぱりがっくりきた。口惜しかった。口惜しさが、思いがけず、不意に襲ってきた。不覚にも涙が出た。」と真情を吐露している(『北極点グリーンランド単独行』)。

しかし、そこでくじけないところが植村さんらしい。「私の旅はつづく。北極点をきわめたら、すぐ次にグリーンランドの、未踏の内陸氷床縦断の旅がひかえている。これを無事にやり遂げなければ、私の行動は完結しない。」と決意を新たにしている(前掲書)。

北極点から飛行機でピックアップされて十日間、オーロラ・ベースに滞在、態勢を立て直して五月十一日、グリーンランド最北端のモーリス・ジェサップ岬から十六頭の犬とともに縦断をスタートする。インディペンデンス・フィヨルドを回り込んで、難関のアカデミー氷河を登攀、最高点が標高三二〇〇メートルもある内陸氷床に到達し、ソリに帆を掛けて一路南へとひたすら疾駆。百余日をかけて約三〇〇〇キロを走破し、八月二十二日、グリーンランド南端の双耳峰の岩峰、ヌナタック(二五四〇メートル)の麓でソリを停めた。

このグリーンランド内陸氷床縦断は世界初の快挙で、後年、デンマーク政府はそれを記念して、ゴールのヌナタックを「ヌナタック・ウエムラ峰」と改称、また、二〇一一（平成二十三）年には、同峰をバックにした植村さんの肖像を描いた記念切手を発行している。

なお、今回の北極点到達は、アメリカのナショナル・ジオグラフィック協会（地理学の知識の向上と普及を目的に一八八八年に設立された非営利団体）の後援を受けており、同協会の公式雑誌「ナショナル・ジオグラフィック」一九七八年九月号で、植村さんは日本人として初めて同誌の表紙を飾り、「SOLO TO THE NORTH POLE」のタイトルで記事も掲載されている。同誌は世界に八五〇〇万人以上の読者を持つクオリティ・マガジンである。

また、一九〇四年に創設され、世界的な探検家や科学者が集うニューヨークのジ・エクスプローラーズ・クラブからは会員として認められ、クラブの旗を託されて北極行に臨んでいる。帰還後、その旗をクラブに返還、「フラッグ・レポート」を提出しており、「Flag #193–Naomi Uemura–first solo North Pole expedition」として、同クラブの歴史の一ページに書き加えられている。さらに四年後の一九八二（昭和五十七）年、その功績が評価され、同クラブから表彰（Citation of Merit）されている。

一方、国内では十月九日、「犬ぞりによる単独北極点到達とグリーンランド縦断――日本青年の声価を内外に高めた二大冒険」に対して、第26回菊池寛賞を授与されている。そして、翌七九（昭和五十四）年二月、イギリスのビクトリア・スポーツ・クラブからは、「スポーツの分野で最も勇気を発揮した人」として、「バラー・イン・スポーツ賞」を受賞している。

冬期エベレストに挑戦するも敗退

五大陸最高峰登頂など登山を中心に活動していた「垂直の時代」から、アマゾン河六〇〇〇キロのイカダ下り体験を「水平の時代」の萌芽として、極地での冒険に傾倒していた植村さんだが、七九～八一（昭和五十六）年は、再び登山活動を復活させている。

それは七九年六月、中国政府から届いたチベットへの招待状がきっかけだった。ラサをベースにチベットを見て回り、久しぶりに山に接した植村さんに、気がつくとまたエベレストへの夢が戻ってきたのである。

「最高峰から極地へ、極地から最高峰へ。つまり垂直、水平、そしてまた垂直へと、私の夢の振子は地球の極点をぎりぎりからぎりぎりに振れる。その振子が振れ、自分の前に来たときに黙って見逃すことはできない。」と、著書『エベレストを越えて』の中で述べている。そして、「私は山への夢が戻ってきたとき、ごく自然に今度は未踏の冬期エベレストをめざそうと思った。」と続く。

同年十二月から二ヶ月間、ネパール入りして冬のエベレストを偵察、そして、八〇（昭和五十五）年七月、まずは冬期エベレスト挑戦への訓練として南米の最高峰・アコンカグアに遠征。八月十三日、二名の隊員とともに厳冬期アコンカグア第二登を果たしている。

十月三十日、植村隊長はじめ六名の登攀隊員に学術班、高所医学班、報道班を加えた総勢十七名の「日本冬期エベレスト登山隊」は、日本を出発した。十一月二十六日、勝手知ったるクーンブ氷河にベースキャンプを建設し、登山活動を開始。途中、隊員一名が突然死するというアクシデントを乗り越えて八一（昭和五十六）年一月二十七日、二名の隊員とサウス・コル（七九八六メートル）に達したが、強風のためキャンプが設営できず撤退、登山計画そのものを断念せざるをえなかった。たゆまぬ努力と幸運に恵まれ、順調に歩んできたかに見える植村さんの登山人生において、初めて味わった挫折だった。

フォークランド紛争で幻となった南極大陸横断

冬のエベレストで敗退した同じ年の十二月、テレビと雑誌の取材のためにアルゼンチンを訪れ、七日間、マランビオ・アルゼンチン南極基地に滞在している。初めて南極大陸に印した、ささやかな一歩である。

明けて八二（昭和五十七）年、長年の夢だった南極大陸横断と同大陸最高峰のビンソン・マシフ（四八九二メートル）登頂計画に対してアルゼンチン軍の協力が得られることになって、一月二十四日、日本を出発する。二月十三日、陸軍が管理するサン・マルティン基地に到着、ここをベースにいよいよ犬ゾリによる三〇〇〇キロの南極大陸単独横断とビンソン・マシフ登頂に挑戦するはずだったが、三月十九日、アルゼンチンとイギリスの間でフォークランド紛争が勃発。十月、横断計画は諦め、ビンソン・マシフ登頂に絞ったが、最終的に十二月二十二日、軍が植村さんへの協力を撤回したため全ての南極計画を断念し、八三（昭和五十八）年三月十六日、約一年間の南極越冬生活を終えて失意のうちに帰国する。

冬期エベレスト敗退と、闘わずして終わった南極大陸横断とビンソン・マシフ登頂……。順風満帆だった植村さんの冒険人生に初めて見えた陰りだった。当時の日記にも「何かひとつ、幕が下りたのだと感じられた。体の奥深く、虚脱感と痛みが残った」と記しているという。

南極大陸横断の夢は不本意ながら潰《つい》えたが、かねてから植村さんにはもう一つの夢があった。冒険人生をリタイアしたら、北海道で野外学校を開きたいという構想である。

「まだ果たせぬ自分の夢を次の世代の子どもたちと共有したい。そのころから野外学校を日本につくることを本気で考え始めたようである。」と中出水さんは記す（「山と溪谷」824号〈二〇〇四年三月号〉）。

その第一歩として十月十九日、アメリカへ出発している。カナダ国境に近いミネソタ州の「アウトワード・バウンド・スクール（ＯＢＳ）」に体験入学するためだった。このミネソタ校だけが犬ゾリのカリキュラムを持っており、植村さんは生徒として入学を希望したが、彼の経歴を知った学校側が驚き、準指導員（無報酬）として迎え入れてくれたという。

ちなみにOBSとは、一九四一年、英国ウェールズで創設された、当初は海をフィールドとした青少年のための社会教育施設で、現在は世界三十三カ国に二二〇カ所以上の拠点を持っている。日本校もあり、一九八九（平成元）年、長野校が小谷《おたり》村に、二〇一七（平成二十九）年、関西校が植村さんの故郷である豊岡市の神鍋高原に開校している。

ミネソタでの体験で得た「この学校に来て痛切に感じたことは、満ち足りた生活の中では先生方が生徒にいくら言葉で教えても、それは表面だけの理解であって、心の触れ合いはありえない。このような野外学校が日本でも必要である、ということをつくづく思い知らされた。」という植村さんのコメントを、中出水さんが書き残している（前出「山と溪谷」誌）。

「偉大なるもの」の懐に抱かれて

そして、運命の一九八四（昭和五十九）年を迎える。ミネソタでの体験入学の後、植村さんはアラスカのアンカレジに飛んだ。厳冬期のマッキンリー単独初登頂を狙ってであり、ひそかに四十三歳の誕生日登頂を目論んでいたようだ。

二月一日、カヒルトナ氷河のベースキャンプから登山を開始し、十二日午後六時五〇分、厳冬期初登頂に成功し、下山にかかる。しかし十三日十一時、聴き取りにくい無線連絡で登頂成功を伝えたのを最後に消息を絶ってしまった。「植村さん遭難か？」の知らせは、国内はもとより世界中に伝わり、ビッグニュースとなった。明治大学山岳部炉辺会（OB会）はただちに捜索隊を編成、第一次隊五名、第二次隊十四名を送り込むが植村さんを発見できず、頂上に残されていた日の丸と星条旗の切れ端や残留装備を持ち帰り、涙をのんで捜索を打ち切っている。

MACの仲間たちは、「植村さんが死んだ」とは決して言わない。彼は「消息を絶った」のであり、今もあの大きなデナリの懐に抱かれて、静かに眠っているのだと思っている。二〇一五（平成二十七）年八月三十日、アメリカのオバマ大統領は、この山の正式名称を「マッキンリー」に代って「デナリ」とすることを発表した。「デナリ」とは、近隣に住むネイティブ・アメリカンのコユコン族の言葉で「高きもの」「偉大なるもの」を意味するという。植村さんは、その「偉大なるもの」を奥津城《おくつき》として、永遠に眠っているのである。

この年の四月十九日、「世界五大陸最高峰登頂などの功」に対して国民栄誉賞を授与されている。

極地探検の先達であり、恩師でもあった西堀榮三郎氏（第一次南極地域観測隊・越冬隊隊長、京都大学山岳部ＯＢ）は、植村さんの悲報を受けて、「植村は、人間のもつ自己の弱さと闘い続けた偉大な男だった。よく〝自然と闘う〟といういい方がされるが、自然は人間を苦しめようと強い風を吹かせるわけではない。また、そこへ向かう人々も、自然と闘おうとして行くのではない。闘う相手は、いつも自分自身なのだ。植村もそのことをよく知っていた。彼の人生観の基盤は、欧米人のそれとはかなり違うもので、自然とのつき合い方に、よく表われている。彼はけっして自然を自分と対立するものとは考えていない。逆に素直な気持ちでその懐に入っていき、自然と親しもうとしていた。〈中略〉だから、植村は、死んでもけっして誰も恨んではいないだろう。だが、やりかけていた次の夢を実現できなかったことだけは、さぞかし無念に思っているに違いない。」と、惜別の言葉を送っている（「山と溪谷」５７２号〈一九八四年五月号〉）。

＊

本年（二〇二〇年）二月二日、本書の執筆者である中出水勲さんが、胆管癌のため狭山市内の病院で亡くなった。享年七十七。今ごろはデナリより遥かに高い空の上で、三十六年ぶりに植村さんと再会し、山岳部での日々や阿佐ヶ谷での〝同棲時代〟の思い出話に、花を咲かせていることであろう。

かくして、「取材対象者」が逝き、「執筆者」が旅立ち、「企画立案者」だけが残されることとなった。

（編集者）

本書は、山と溪谷社編『植村直己冒険の軌跡　どんぐり地球を駆ける』（1978年・山と溪谷社）を再編集して文庫版に改めたものです。同書は、北極点グリーンランド単独行出発前の1977年1月から12月まで雑誌「山と溪谷」に「植村直己物語　どんぐり地球を駆ける」として掲載されたものを中心に、単独行成功後の1978年に一部加筆・再構成して刊行されました。登場人物の年齢・肩書などは執筆当時のものです。

植村直己冒険の軌跡

二〇二〇年十月一日　初版第一刷発行

著者　中出水勲
発行人　川崎深雪
発行所　株式会社　山と溪谷社
郵便番号　一〇一―〇〇五一
東京都千代田区神田神保町一丁目一〇五番地
https://www.yamakei.co.jp/

■乱丁・落丁のお問合せ先
山と溪谷社自動応答サービス　電話〇三―六八三七―五〇一八
受付時間／十時～十二時、十三時～十七時三十分（土日、祝日を除く）
■内容に関するお問合せ先
山と溪谷社　電話〇三―六七四四―一九〇〇（代表）
■書店・取次様からのお問合せ先
山と溪谷社受注センター　電話〇三―六七四四―一九一九
ファクス〇三―六七四四―一九二七

印刷・製本　株式会社暁印刷
定価はカバーに表示してあります

Printed in Japan ISBN978-4-635-04889-7